"十三五"国家重点图书出版规划项目

中国社会科学院创新工程学术出版资助项目

新版《列国志》编辑委员会

列国志

GUIDE TO
THE WORLD
NATIONS 新版

邝艳湘　李广一

编著

CAPE VERDE

佛得角

社会科学文献出版社

SOCIAL SCIENCES ACADEMIC PRESS (CHINA)

佛得角行政区划图

佛得角国旗

佛得角国徽

旧城奴隶桩（李新烽　摄）

旧城遗址（陈永超　摄）

旧城海边（李新烽　摄）

旧城街景（李新烽　摄）

普拉亚街景（李新烽　摄）

普拉亚富人区（李新烽　摄）

普拉亚街头（李新烽 摄）

普拉亚街头售卖的当地工艺品（李新烽 摄）

萨尔岛街景（陈永超　摄）

萨尔岛盐场（陈永超　摄）

泡衣涝水坝（李新烽　摄）

中国援建的佛得角国家体育场（李新烽　摄）

当地民众参加佛得角独立40周年庆典游行

（陈永超　摄）

佛得角武装部队接受检阅（陈永超　摄）

出版说明

　　《列国志》编撰出版工作自 1999 年正式启动，截至目前，已出版 144 卷，涵盖世界五大洲 163 个国家和国际组织，成为中国出版史上第一套百科全书式的大型国际知识参考书。该套丛书自出版以来，受到社会各界的广泛好评，被誉为"21 世纪的《海国图志》"，中国人了解外部世界的全景式"窗口"。

　　这项凝聚着近千学人、出版人心血与期盼的工程，前后历时十多年，作为此项工作的组织实施者，我们为这皇皇 144 卷《列国志》的出版深感欣慰。与此同时，我们也深刻认识到当今国际形势风云变幻，国家发展日新月异，人们了解世界各国最新动态的需要也更为迫切。鉴于此，为使《列国志》丛书能够不断补充最新资料，更好地服务于社会各界，我们决定启动新版《列国志》编撰出版工作。

　　与已出版的 144 卷《列国志》相比，新版《列国志》无论是形式还是内容都有新的调整。国际组织卷次将单独作为一个系列编撰出版，原来合并出版的国家将独立成书，而之前尚未出版的国家都将增补齐全。新版《列国志》的封面设计、版面设计更加新颖，力求带给读者更好的阅读享受。内容上的调整主要体现在数据的更新、最新情况的增补以及章节设置的变化等方面，目的在于进一步加强该套丛书将基础研究和应用对策研究相结合，将基础研究成果应用于实践的特色。例如，增加了各国有关资源开发、环境治理的内容；特设"社会"一章，介绍各国的国民生活情况、社会管理经验以及存在的社会问题，等等；增设"大事纪年"，方便读者在短时间内熟悉各国的发展线索；增设"索引"，便于读者根据人名、地名、关键词查找所需相关信息。

顺应时代发展的要求，新版《列国志》将以纸质书为基础，全面整合国别国际问题研究资源，构建列国志数据库。这是《列国志》在新时期发展的一个重大突破，由此形成的国别国际问题研究与知识服务平台，必将更好地服务于中央和地方政府部门应对日益繁杂的国际事务的决策需要，促进国别国际问题研究领域的学术交流，拓宽中国民众的国际视野。

新版《列国志》的编撰出版工作得到了各方的支持：国家主管部门高度重视，将其列入"'十二五'国家重点图书出版规划项目"；中国社会科学院将其列为创新工程学术出版资助项目，王伟光院长亲自担任编辑委员会主任，指导相关工作的开展；国内各高校和研究机构鼎力相助，国别国际问题研究领域的知名学者相继加入编辑委员会，提供优质的学术指导。相信在各方的通力合作之下，新版《列国志》必将更上一层楼，以崭新的面貌呈现给读者，在中国改革开放的新征程中更好地发挥其作为"知识向导"、"资政参考"和"文化桥梁"的作用！

新版《列国志》编辑委员会

2013 年 9 月

前　　言

　　自 1840 年前后中国被迫开关、步入世界以来，对外国舆地政情的了解即应时而起。还在第一次鸦片战争期间，受林则徐之托，1842 年魏源编辑刊刻了近代中国首部介绍当时世界主要国家舆地政情的大型志书《海国图志》。林、魏之目的是为长期生活在闭关锁国之中、对外部世界知之甚少的国人"睁眼看世界"提供一部基本的参考资料，尤其是让当时中国的各级统治者知道"天朝上国"之外的天地，学习西方的科学技术，"师夷长技以制夷"。这部著作在当时乃至其后相当长一段时间内产生过巨大影响，对国人了解外部世界起到了积极的作用。

　　自那时起，中国认识世界、融入世界的步伐就再也没有停下。中华人民共和国成立以后，尤其是 1978 年改革开放以来，中国更以主动的自信自强的积极姿态，加速融入世界的步伐。与之相适应，不同时期先后出版过相当数量的不同层次的有关国际问题、列国政情、异域风俗等方面的著作，数量之多，可谓汗牛充栋。它们对时人了解外部世界起到了积极的作用。

　　当今世界，资本与现代科技正以前所未有的速度与广度在国际流动和传播，"全球化"浪潮席卷世界各地，极大地影响着世界历史的进程，对中国的发展也产生了极其深刻的影响。面临不同以往的"大变局"，中国已经并将继续以更开放的姿态、更快的步伐全面融入世界，迎接时代的挑战。不同的是，

我们所面临的已不是林则徐、魏源时代要不要"睁眼看世界"、要不要"开放"的问题，而是在新的历史条件下、在新的世界发展大势下如何更好地融入世界，如何在融入世界的进程中更好地维护民族国家的主权与独立，积极参与国际事务，为维护世界和平、促进世界与人类共同发展做出贡献。这就要求我们对外部世界有比以往更深切、更全面的了解，我们只有更全面、更深入地了解世界，才能在更高的层次上融入世界，也才能在融入世界的进程中不迷失方向，保持自我。

与此时代要求相比，已有的种种有关介绍、论述各国史地政情的著述，无论是从规模还是从内容来看，已远远不能适应我们了解外部世界的要求。人们期盼有更新、更系统、更权威的著作问世。

中国社会科学院作为国家哲学社会科学的最高研究机构和国际问题综合研究中心，有 11 个专门研究国际问题和外国问题的研究所，学科门类齐全，研究力量雄厚，有能力也有责任担当这一重任。早在 20 世纪 90 年代初，中国社会科学院的领导和中国社会科学出版社就提出编撰"简明国际百科全书"的设想。1993 年 3 月 11 日，时任中国社会科学院院长胡绳先生在科研局的一份报告上批示："我想，国际片各所可考虑出一套列国志，体例类似于几年前出的《简明中国百科全书》，以一国（美、日、英、法等）或几个国家（北欧各国、印支各国）为一册，请考虑可行否。"

中国社会科学院科研局根据胡绳院长的批示，在调查研究的基础上，于 1994 年 2 月 28 日发出《关于编纂〈简明国际百科全书〉和〈列国志〉立项的通报》。《列国志》和《简明国际百科全书》一起被列为中国社会科学院重点项目。按照当时的计划，首先编写《简明国际百科全书》，待这一项目完成后，再着手编写《列国志》。

1998 年，率先完成《简明国际百科全书》有关卷编写任务的研究所开始了《列国志》的编写工作。随后，其他研究所也陆续启动这一项目。为了保证《列国志》这套大型丛书的高质量，科研局和社会科学文献出版社于 1999 年 1 月 27 日召开国际学科片各研究所及世界历史研究所负责人会议，讨论了这套大型丛书的编写大纲及基本要求。根据会议精神，科研局随后印发了《关于〈列国志〉编写工作有关事项的通知》，陆续为启动项目拨付研究经费。

为了加强对《列国志》项目编撰出版工作的组织协调，根据时任中国社会科学院院长李铁映同志的提议，于 2002 年 8 月成立了由分管国际学科片的陈佳贵副院长为主任的了《列国志》编辑委员会。编委会成员包括国际片各研究所、科研局、研究生院以及社会科学文献出版社等部门的主要领导及有关同志。科研局和社会科学文献出版社组成《列国志》项目工作组，社会科学文献出版社成立了《列国志》工作室。同年，《列国志》项目被批准为中国社会科学院重大课题，新闻出版总署将《列国志》项目列入国家重点图书出版计划。

在《列国志》编辑委员会的领导下，《列国志》各承担单位尤其是各位学者加快了编撰进度。作为一项大型研究项目和大型丛书，编委会对《列国志》提出的基本要求是：资料翔实、准确且是最新的，文笔流畅，学术性和可读性兼备。《列国志》之所以强调学术性，是因为这套丛书不是一般的"手册""概览"，而是在尽可能吸收前人成果的基础上体现专家学者们的研究所得和个人见解。正因为如此，《列国志》在强调基本要求的同时，本着文责自负的原则，没有对各卷的具体内容和学术观点强行进行统一。应当指出，参加这一浩繁工程的除了中国社会科学院的专业科研人员以外，还有院外的一些在该领域颇有研究的专家学者。

现在，凝聚着数百位专家学者心血、共计141卷、涵盖当今世界151个国家和地区以及数十个主要国际组织的《列国志》丛书将陆续出版，与广大读者见面。我们希望这样一套大型丛书能为各级干部了解、认识当代世界各国及主要国际组织的情况，了解世界发展趋势，把握时代发展脉络提供有益的帮助；希望它能成为我国外交外事工作者、国际经贸企业以及日渐增多的广大出国公民和旅游者走向世界的忠实"向导"，引领其步入更广阔的世界；希望它在帮助中国人民认识世界的同时，也能够架起一座世界各国人民认识中国的"桥梁"——一座中国走向世界、世界走向中国的"桥梁"。

《列国志》编辑委员会
2003 年 6 月

序　言

　　佛得角共和国（The Republic of Cape Verde）位于非洲西部大西洋中的佛得角群岛上，地处欧洲、非洲和美洲的海上交通要冲，东面与非洲大陆最西端塞内加尔境内的佛得角隔海相望，东北面与西班牙的加那利群岛遥遥相对。在苏伊士运河开通前，它是从欧洲绕道非洲去亚洲这一海上航线的必经之地，迄今仍是重要的交通枢纽、各洲船只和飞机过往的补给站，被称为"连接各大洲的十字路口"。佛得角群岛由9个有人居住的大岛和10个无人居住的小岛组成，总面积4033平方千米。这些岛都是火山岛，平均海拔为800米。海拔最高的火山是福古岛上的福古火山，海拔2829米，是一座活火山，最近一次喷发是在2014年11月23日，喷发引起局部山体坍塌，迫使附近居民迅速撤离。佛得角群岛有两种不同的地貌：山地型和平坦型。前者有起伏的山峦、陡峭的崖壁、纵横的沟壑、崎岖的山路；后者有白色的沙滩、平缓的小丘、不规则的平原、层叠盘旋的梯田。这两种截然不同的自然景观，使佛得角"兼具恶魔与天使之美"。佛得角常年受来自东北撒哈拉沙漠的干热气流控制，因此雨量稀少，旱灾频仍，土质沙化，农业凋敝，饥荒肆虐，生存环境恶劣。但热带干燥型气候使佛得角成为世界十大避寒胜地之一；又因其四面环海、水质清纯，故又是世界十大珊瑚礁之一和世界三大海龟繁殖地之一。佛得角现有人口50多万，其中 80% 为黑白混血的克里奥尔人，19% 为班图非洲人，1% 为欧洲人。佛得角的官方语言为葡萄牙语和克里奥尔语。80% 的居民信奉天主教，10% 的居民信奉新教，另有 10% 的居民信奉其他宗教。佛得角虽是地道的非洲国家，却将非洲文明和欧洲文明融为一体，故享有 "最具欧洲风情的非洲国家" 之美誉。

葡萄牙人 15 世纪中期来到佛得角群岛，15 世纪末将其变为自己的殖民地。从 16 世纪初到 19 世纪后半叶，佛得角成为葡萄牙把从非洲搜捕来的黑人贩运到美洲和西印度群岛的转运站。佛得角被葡萄牙整整统治了 500 年。从 1956 年开始，佛得角掀起了蓬勃高涨的民族解放运动，1975 年 7 月 5 日宣布独立，成立了佛得角共和国。独立后，面对恶劣的生存环境，佛得角人民励精图治，利用丰富的旅游、航运和渔业资源以及海外侨民不断寄来的大量外汇，历经数十年的发展，生活逐步改善并日益丰裕富足。2008 年 1 月，联合国宣布佛得角已脱离最不发达国家队伍，进入中等收入国家行列。

佛得角奉行和平、中立和不结盟的外交政策，主张在和平共处的基础上与世界各国发展友好合作关系，通过对话和谈判解决争端，反对外来干涉。现在，佛得角已同 110 个国家建立外交关系。中国与佛得角于 1976 年 4 月 25 日建交。建交以来，两国在政治上相互理解信任，在经贸文化上加强合作交流，在国际事务中彼此支持配合。佛得角坚持 "一个中国" 政策，只承认中华人民共和国。2006 年，中国外长李肇星在访问佛得角时称赞中佛关系是中非关系的榜样。两国建交以来，中国向佛得角提供了一系列经济技术援助。1996 年，中国开始接受享受中国奖学金的佛得角学生；2015 年 12 月，佛得角首座孔子学院在佛得角大学落成；从 1984 年起，中国医疗队就开始在佛得角首都普拉亚中心医院工作，迄今已派出15批共102人次的医疗专家；中国的三亚市、深圳市和济南市分别同佛得角的萨尔市、明德卢市和普拉亚市缔结为友好城市。总体上看，两国关系稳步发展，两国人民的友谊不断加深。

本书对佛得角的国土、经济、政治、历史、文化、社会和外交等方面做了较为详尽全面的介绍，期望能帮助读者对这个有着独特色彩的非洲国家有比较全面深入的了解。本书力求做到资料准确翔实、文笔朴实流畅、可读性强。对于一些不易理解的问题，本书则用注释予以补充阐明。本书适合国际关系专业和从事非洲问题研究的学生、研究人员和爱好者阅读，并可作为赴非旅游、务工、经商和从事外事工作人员的重要参考读物。

本书是邝艳湘和李广一两人合作的成果，李广一拟订撰写本书的框架和提纲，对全书进行校订、补充、修改并定稿；邝艳湘负责撰写书稿。在写作过程中，笔者吸收了2007年出版的《列国志·赤道几内亚、几内亚比绍、圣多美和普林西比、佛得角》一书中有关佛得角的部分文字和研究内容，参考了中华人民共和国外交部网站、中华人民共和国商务部网站和中华人民共和国驻佛得角共和国大使馆网站等网站上的相关资料。中国社会科学院西亚非洲研究所詹世明副研究员、赵茹林副研究馆员为本书的资料搜集提供了宝贵的帮助，在此一并致谢。

由于作者水平有限，加之在国内要找到佛得角的有关资料异常困难，因此本书难免有疏漏和错误，敬请广大读者批评指正。

李广一　邝艳湘

CONTENTS

目　录

CONTENTS

目　录

CONTENTS

目 录

CONTENTS

目 录

CONTENTS
目 录

CONTENTS

目 录

CONTENTS

目 录

第一章

概　览

佛得角共和国（The Republic of Cape Verde）位于非洲西部大西洋中的佛得角群岛上，是重要的交通枢纽，被称为"各大洲的十字路口"。佛得角人口 50 多万人，以黑白混血的克里奥尔人为主。佛得角虽然干旱少雨、频繁发生旱灾、自然资源匮乏、生存环境恶劣，但有迷人的沙滩、蔚蓝的大海，景观独特，风光旖旎，是世界著名的旅游胜地。

第一节　国土与人口

佛得角是岛屿国家，由 9 个较大的和 10 个较小的火山岛组成，分为北面的迎风群岛和南面的背风群岛两组；全国陆地总面积 4033 平方千米，划分为 22 个县。佛得角属热带干旱气候，终年盛行干热的东北信风，干旱少雨。佛得角的民族语言为克里奥尔语。

一　地理位置

佛得角位于非洲西部大西洋中的佛得角群岛上，地处欧洲、非洲和美洲的海上交通要冲，东面与非洲大陆最西端塞内加尔境内的佛得角（达喀尔附近）隔海相望，相距 570 多千米，距离几内亚比绍 800 多千米；东北面与西班牙的加那利群岛相对，位于北纬 17°12′15″~14°48′00″、西经 22°39′20″~25°20′00″，属于西一区，比北京时间晚 9 个小时。

1869 年埃及苏伊士运河开通前，佛得角是从欧洲绕道非洲去亚洲这一海上航线的必经之地，迄今仍是各洲远洋船只及大型飞机过往的补给站。

1445 年，当葡萄牙殖民者迪尼斯·费尔南德斯（Dinis Fernandes）的船只航行至一条长满罗望子树的绿色海岬的时候，兴奋的他在航海图上将非洲大陆最西端的这一尖角命名为"佛得角"，葡萄牙语意为"绿色海角"。此后，佛得角群岛陆续被葡萄牙航海家发现。该群岛在被发现之前无人居住。葡萄牙航海家将大西洋中与西非大陆的"佛得角"隔海相望的这组岛屿命名为佛得角群岛（Cape Verde Archipelago），并在此定居下来。

佛得角作为岛屿国家，由 9 个较大的岛和 10 个较小的岛组成。这 9 个较大的岛分别是圣安唐岛（Santo Antão）、圣维森特岛（São Vicente）、圣尼古拉岛（São Nicolau）、博阿维斯塔岛（Boa Vista）、萨尔岛（Sal）、圣地亚哥岛（Santiago）、马尤岛（Maio）、福古岛（Fogo）、布拉瓦岛（Brava）。[①] 10 个无人居住的小岛分别是布朗库岛（Ilhéu Branco）、西玛岛（Ilhéu Cima）、萨尔雷岛（Ilhéu Sal Rei）、鸟岛（Ilhéu dos Pássaros）、大岛（Ilhéu Grande）、拉雅·布兰卡岛（Ilhéu Laje Branca）、拉博·容库岛（Ilhéu Rabo de Junco）、

---

① 具体参见孙跃楣《大西洋上的明珠——佛得角群岛掠影》，《西亚非洲》1984 年第 4 期，第 90~92 页；African Development Bank，"Cabo Verde Country Strategy Paper 2014 - 2018," http://www.afdb.org/en/consultations/closed-consultations/cape-verde-country-strategy-paper-2014-2018/。

拉佐岛（Ilhéu Raso）、库拉尔韦略岛（Ilhéu de Curral Velho）以及圣卢西亚岛（Santa Luzia）。2003 年，圣卢西亚岛与位于其东南的布朗库岛和拉佐岛成为爬行类和鸟类自然保护区，其他的小离岛有许多也都已经成为佛得角的自然保护区。

北部的圣安唐岛、圣维森特岛、圣卢西亚岛、圣尼古拉岛、博阿维斯塔岛和萨尔岛等常年迎着东北方向吹来的海风，被称为向风群岛或者迎风群岛（Windward Islands），也被称为巴拉芬特岛群（葡萄牙语：Ilhas de Barlavento）；南部的圣地亚哥岛、马尤岛、福古岛和布拉瓦岛等如同躲在避风港里，被称为背风群岛（Leeward Islands），也被称为索塔芬特岛群（葡萄牙语：Ilhas de Sotavento）。

佛得角群岛是从海底深处巨大的活火山山脉中冒出海面的一群高峰，不少山峰离海面有几百米高。与西非绿树成荫相比，佛得角绿树稀少，山峦起伏，峡谷纵横崎岖，岸边峭壁耸立，海滩上浪花拍岸。相对而言，佛得角的东部岛屿（萨尔岛、马尤岛、博阿维斯塔岛）地势较平坦，气候干燥，土地沙化；其余各岛地形崎岖，植被相对较多。佛得角群岛属火山群岛，福古岛上的福古火山是活火山，海拔 2829 米，为全国最高峰。圣地亚哥岛是面积最大、人口最多的岛，首都普拉亚（Praia）坐落于该岛上。

二 国土面积

全国陆地总面积是 4033 平方千米，主要岛屿及其面积如下：圣安唐岛，779 平方千米；圣维森特岛，227 平方千米；圣尼古拉岛，388 平方千米；博阿维斯塔岛，620 平方千米；萨尔岛，216 平方千米；圣地亚哥岛，991 平方千米；马尤岛，269 平方千米；福古岛，476 平方千米；布拉瓦岛，67 平方千米（见表 1-1）。

表1-1 佛得角岛屿概况

岛屿名称	面积(平方千米)	最高点(米)
圣地亚哥岛	991	Pico d'Antónia(1394)
圣安唐岛	779	Topo de Coroa(1979)
博阿维斯塔岛	620	Monte Estancia(387)
福古岛	476	Pico do Fogo(2829)
圣尼古拉岛	388	Monte Gordo(1340)
马尤岛	269	Monte Penoso(436)
圣维森特岛	227	Monte Verde(774)
萨尔岛	216	Monte Vermelho(406)
布拉瓦岛	67	Monte Fontainhas(976)
合　计	4033	

资料来源：作者根据 *Historical Dictionary of the Republic of Cape Verde* (The Scarecrow Press, 2007) 中有关各岛的介绍整理而成。

此外，其他无人居住的岛屿中，圣卢西亚岛面积稍大，为35平方千米，其他小离岛的面积都较小，具体如下：布朗库岛，3平方千米；西玛岛，1.5平方千米；萨尔雷岛，0.6平方千米；鸟岛，0.025平方千米；大岛，3平方千米；拉雅·布兰卡岛，约0.005平方千米；拉博·容库岛，0.01平方千米；拉佐岛，7平方千米；库拉尔韦略岛，0.005平方千米。[①]

三　行政区划

1975年独立后，佛得角划分为14个县（municipalities），分别是普拉亚、圣塔卡塔里纳、圣克鲁斯、塔拉法尔、大里贝拉、保

---

① 这些无人居住的岛屿的面积并未计入佛得角国土总面积。——作者注

罗、波多诺伏、圣维森特、福古、圣尼古拉、萨尔、博阿维斯塔、
马尤和布拉瓦；每个县设有行政管理委员会，派驻有政府代表；县
下设区和村。

1997 年 1 月，佛得角改划为 17 个县，其中 3 个岛为多县岛，
分别是圣安唐岛、圣地亚哥岛和福古岛，其他岛上县的名称和岛名
相同。这 17 个县按照顺时针方向排列，分别是大里贝拉（Ribeira
Grande）、保罗（Paul）、波多诺伏（Porto Novo）、圣维森特、圣尼
古拉、萨尔、博阿维斯塔、马尤、塔拉法尔（Tarafal）、圣塔卡塔
里纳（Santa Catarina）、圣克鲁斯（Santa Cruz）、普拉亚（Praia）、
圣多明戈（São Domingos）、圣米戈尔（São Miguel）、莫斯特罗
（Mosteiros）、圣菲利佩（São Filipe）、布拉瓦。具体情况如表 1 - 2
所示。

表 1 - 2　1997 年佛得角行政区划

岛屿名称	县	首府
圣地亚哥岛	塔拉法尔	塔拉法尔市
	圣塔卡塔里纳	阿苏马达（Assomeda）
	圣克鲁斯	佩德拉·巴德茹（Pedra Badejo）
	普拉亚	普拉亚
	圣多明戈	圣多明戈（Sao Domingos）
	圣米戈尔	卡尔赫塔·圣米戈尔（Calheta de São Miguel）
圣安唐岛	大里贝拉	蓬塔索尔（Ponta do Sol）
	保罗	蓬巴什（Pombas）
	波多诺伏	波多诺伏
博阿维斯塔岛	博阿维斯塔	萨尔雷（Sal Rei）

岛屿名称	县	首府
福古岛	莫斯特罗	莫斯特罗
	圣菲利佩	圣菲利佩
圣尼古拉岛	圣尼古拉	里贝拉·布拉瓦（Ribeira Brava）
马尤岛	马尤	英吉利港（Porto Ingles）
圣维森特岛	圣维森特	明德卢（Mindelo）
萨尔岛	萨尔	圣玛丽亚（Santa Maria）
布拉瓦岛	布拉瓦	新辛特拉（Nova Sintra）

资料来源：同表 1 - 1。

2005 年 5 月，佛得角增至 22 个县，县以下设区（parishes）。佛得角共有 32 个区，这些区基本上与殖民时代存在的宗教教区相一致，具体情况如表 1 - 3 所示。

表 1 - 3　2005 年佛得角行政区划

岛屿名称	县	区
圣地亚哥岛	普拉亚	Nossa Senhora da Graça
	圣多明戈	Nossa Senhora da Luz
		São Nicolau Tolentino
	圣卡塔琳娜（Santa Catarina）	Santa Catarina
	圣萨尔瓦多·多蒙多（São Salvador do Mundo）	São Salvador do Mundo
	圣克鲁斯	Santiago Maior
	圣洛伦索多斯·奥尔冈（São Lourenço dos Órgãos）	São Lourenço dos Órgãos
	圣地亚哥·大里贝拉（Ribeira Grande de Santiago）	Santíssimo Nome de Jesus
		São João Baptista
	圣米戈尔	São Miguel Arcanjo
	塔拉法尔	Santo Amaro Abade

续表

岛屿名称	县	区
圣安唐岛	大里贝拉	Nossa Senhora do Rosário
		Nossa Senhora do Livramento
		Santo Cruc∷fixo
		São Pedro Apóstolo
	帕乌尔 (Paúl)	Santo António das Pombas
	波多诺伏	São João Baptista
		Santo André
博阿维斯塔岛	博阿维斯塔岛	Santa Isabel
		São João Baptista
福古岛	圣菲利佩	São Lourenço
		Nossa Senhora da Conceição
	圣卡塔琳娜	Santa Catarina do Fogo
	莫斯特罗	Nossa Senhora da Ajuda
圣尼古拉岛	里贝拉·布拉瓦	Nossa Senhora da Lapa
		Nossa Senhora do Rosário
	圣尼古拉·塔拉法尔 (Tarrafal de São Nicolau)	São Francisco
马尤岛	马尤岛	Nossa Senhora da Luz
圣维森特岛 圣卢西亚岛	圣维森特	Nossa Senhora da Luz
萨尔岛	萨尔岛	Nossa Senhora das Dores
布拉瓦岛	布拉瓦岛	São João Baptista
		Nossa Senhora do Monte

资料来源：作者根据相关资料整理。

四 地形与气候

（一）地形

佛得角群岛是由海底火山喷发形成许多火山熔岩、其下部被海水浸没、上部成为岛屿而形成的。它与马德拉群岛和亚速尔群岛属于同一海底山脉，大部分是山地。依据各岛的不同地貌，可将它们分为山地型岛屿和平坦型岛屿。其中，萨尔岛、博阿维斯塔岛和马尤岛距离非洲大陆最近，地势平坦，只有少数沙质和盐碱丘陵。圣安唐岛、圣地亚哥岛、圣尼古拉岛、福古岛和布拉瓦岛均以山地为主。和所有火山岛一样，这些岛上的土壤是红黑色的。

山地型岛上峰峦起伏，沟壑纵横，山路崎岖，因松动而落下的石头甚至威胁人的生命。在18世纪和19世纪的死亡记录中，常常有"自然死亡"的记载，其实其中很多人是被落下的石块砸中，继而失足滑倒摔下山崖丧生的。由于此类事件太多，因此都被归类为"自然死亡"。与山地型岛屿相反，某些岛如萨尔岛、博阿维斯塔岛和马尤岛，由于长期受侵蚀而形成相对平坦的地貌，被称为平坦型岛屿。这些岛屿有着一望无垠的白色沙滩和柔和平缓的小丘，处处透着细腻和精巧，萨尔岛和博阿维斯塔岛可算是这类岛屿中的佼佼者。由于地势平缓，便于勘探，这类岛屿在地质考古研究中有着不可估量的作用。地质学家试图从马尤岛的形成过程中找到大西洋地区早期地质发展史的些许线索。

佛得角的平均海拔为800米，最高峰为福古岛上的福古火山，海拔2829米。该火山是活火山，在16世纪和17世纪经常喷发，此后在1847年、1951年和1995年分别喷发过一次，每次喷发都伴随有地震和爆炸。2014年11月23日，福古火山沉寂近20年后再次喷发，并多次发生地震，喷发强度接近1951年的最高强度，从火山口喷出的熔岩和火山灰引发局部山体坍塌，致使附近村民纷纷撤离。①

---

① 《佛得角福古火山沉寂近20年后再次喷发》，新华网，http://news.xinhuanet.com/world/2014-11/24/c_1113373721.htm。

佛得角群岛的各个岛屿呈现出极端的地貌特征，有的有沙漠，有的有山脉，有些岛屿其沿海地带几乎没有平地，随处可见自海上拔地而起的悬崖峭壁在茫茫无边的大海中孤零零地矗立着，仿佛神话中的仙山一样，因而也被称为"海上仙山"。[①] 圣地亚哥岛则是其中地貌最多样化的一个岛屿，岛内有高山和绿谷，山与山之间是不规则的平原，山谷里有耕地；岛南部是灌溉田，西南部是旱地，海滩延伸到圣地亚哥岛的北部和东南部。[②]

（二）气候

佛得角位于北回归线高压带边缘的东北信风地带，同时受到三股气流的影响：来自东北的气流带来大西洋湿润清爽的水汽，给迎风坡上的植物生长创造有利的条件；来自南部和西南部的温暖潮湿的空气是夏季降雨的主要来源，但年降水量仍然很少；另一股来自非洲大陆的干热气流在 12 月至次年 6 月间控制该岛上空，使佛得角虽然为大海所环绕，却远非人们想象的那样具有较强的海洋性，终年盛行干热的东北信风，属于热带干旱气候。

佛得角全年气温维持在 25 摄氏度左右。在最热的 9 月和 10 月，沿海平均气温达到 27 摄氏度，而在最冷的 1 月和 2 月，平均气温也在 22 摄氏度以上（见表 1－4）。首都普拉亚市的气温一般在 17～33 摄氏度。这样的气候条件，使佛得角享有"世界十大避寒胜地"的美誉。然而美中不足的是，1 月和 2 月经常出现大风和浓雾天气。

[①]　参见胡在钧《佛得角群岛——海上仙山》，《航海》1980 年第 2 期。
[②]　参见福特《佛得角中国移民的生存状况研究——以普拉亚市的中国移民为例》，硕士学位论文，东北师范大学，2011 年 5 月。

表 1 - 4　1901~2009 年佛得角月平均气温

单位：摄氏度

1 月	2 月	3 月	4 月	5 月	6 月	7 月	8 月	9 月	10 月	11 月	12 月
21.2	20.9	21.3	21.8	22.3	23.3	24.2	25.3	25.8	25.2	24.0	22.4

资料来源：世界银行数据库，http://data.worldbank.org.cn/。

佛得角常年干旱少雨，风沙大，年降雨量仅有 100~300 毫米。

佛得角主要有两个季节：雨季为 7 月~11 月，旱季为 12 月到次年 6 月（见表 1-5）。其中，9 月是降雨量最集中的月份，2 月、3 月、4 月则是降雨量最少的月份。佛得角降雨稀少，一般只有在雨季才会有几场雨，其余时间很少有降雨，易发生旱灾，经常 5 年、10 年甚至 15 年不下雨。此外，由于气温高，蒸发量大，各岛的年平均蒸发量达到 1800 毫米，圣地亚哥岛和圣安唐岛的年蒸发量分别为 1900 毫米和 1814 毫米。由于经常受撒哈拉沙漠风沙的影响，有些岛屿土质沙化，可耕地（不含牧场）面积仅为390 平方千米，约占国土总面积的 10%。

各岛的降雨量差异很大，福古岛的年降雨量最多，平均为495 毫米，最干旱的萨尔岛年降雨量只有 60 毫米。不仅各岛之间降雨量差异很大，而且同一个岛内各地的降雨量变化也很大，一般随地形升高而增加。圣地亚哥岛是背风群岛中最大的岛，也是首都普拉亚市所在地，根据 44 个雨量站 20 年的系列资料统计，其年平均降雨量为 293 毫米，但是有的地方年降雨量高达464 毫米，有些地方仅为 159 毫米。圣安唐岛是迎风群岛中最大的岛，根据 18 个雨量站 20 年的系列资料统计，其年平均降雨量为 404 毫米。

佛得角降水不规律，降雨量年内变化较大。根据朝伯姆（Chao Bom）雨量站统计，7～10月的降雨量占全年的90%，其中8～9月的降雨量占全年的75%（见表1－5）。尽管降雨量不大，但由于大多集中在几天之内，因此有时会发生日降雨量超过100毫米的大雨和暴雨，如1985年8月31日这一天，降雨量达到115.6毫米。年际变化更大，1999年平均降雨量高达664.3毫米，1977年平均降雨量仅有2.8毫米，二者相差近240倍。

表1－5 1901～2009年佛得角月平均降雨量

单位：毫米

1月	2月	3月	4月	5月	6月	7月	8月	9月	10月	11月	12月
15.3	11.8	11.8	12.8	17.5	29.2	43.8	68.9	102.4	39.0	23.7	20.3

资料来源：世界银行数据库，http://data.worldbank.org.cn/。

五 人口、民族与语言

（一）人口的历史变化

佛得角于1456年被发现时并无人居住。在以后的发展中，虽有人上岛定居，但由于频繁的干旱和饥荒以及由此引起的恶劣生存环境，岛上人烟稀少。居民的迁出和死亡是影响佛得角人口变化的主要因素。在佛得角500多年的历史中，人口由最初的不足1万人逐步增加，进入21世纪后突破40万人，2012年突破50万人（见表1－6）。

佛得角独立后，生活条件和卫生设施逐步改善，人民生活水平不断提高，人口增长率经历了先逐步上升然后缓慢回落的过程：在

20 世纪 90 年代达到顶峰，在 1994 年达到最高点 2.8%，进入 21 世纪后人口增长逐步趋缓（见表 1-7）。

表 1-6 1550～2015 年佛得角人口变化统计资料

单位：人

年份	人口	年份	人口	年份	人口	年份	人口
1550	15708	1871	76053	1939	174000	2000	436863
1580	9940	1878	99317	1940	181286	2010	491875
1650	13980	1882	103000	1950	148331	2011	495159
1720	23130	1890	127390	1960	199902	2012	500870
1730	38000	1900	147424	1970	270999	2013	507258
1800	56060	1910	142552	1984	326212	2014	513906
1810	51480	1920	159672	1985	333128	2015	520502
1832	50000	1927	148300	1986	338560		
1861	89310	1930	146299	1987	347060		
1864	97009	1936	162055	1990	336798		

资料来源：1550～1990 年的人口数据来源于 Richard A. Lobban, *Cape Verde: Crioulo Colony to Independent Nation*（The Westview Press, 1995）；2000 年和 2010 年的人口数据来源于佛得角人口普查数据；2011～2015 年的人口数据来源于世界银行数据库，http://data.worldbank.org.cn/。

表 1-7 1981～2015 年佛得角人口增长率

年份	1981	1986	1991	1994	1996	2001	2006	2012	2013	2014	2015
人口增长率(%)	1.7	1.6	2.3	2.8	2.6	1.9	0.8	1.1	1.3	1.3	1.3

资料来源：世界银行数据库，http://data.worldbank.org.cn/。

各岛的人口增长率也不一样。最近几年，博阿维斯塔岛和布拉瓦岛的人口增长几乎停滞，而萨尔岛、圣地亚哥岛和圣维森特岛的人口却显著增长。萨尔岛的人口之所以增长，是由于旅游业和机场服务业的发展提供了更多的就业机会。

佛得角干旱少雨，每次干旱都会造成饥荒，导致佛得角10% ~

40% 的人口因为饥荒而死亡。统计数据显示，在 1747～1970 年的 224 年中，佛得角共出现了 12 次干旱，总共有 58 年处于干旱状态，即平均每次干旱持续将近 5 年，共造成 25 万多人死亡。例如，1832 年的干旱使 10% 的佛得角人死于饥荒；在 1854～1856 年的干旱中，有近 1/6 的人口死亡，使佛得角人口从 12 万人降至 10 万人；在 1902～1903 年和 1941～1943 年的干旱中，各大约有 2 万人死亡。20 世纪 70 年代中期也发生过干旱。每次干旱都使佛得角的经济遭受重大的打击，庄稼颗粒无收，牲畜成群死亡，人们只得大量逃离。佛得角独立前，殖民统治者不愿投资改善佛得角的恶劣环境；独立后，几内亚比绍和佛得角非洲独立党领导人民致力于蓄水工程建设，如开展植被保护、深挖井、建设海水淡化工厂、开展水土保持工作等，以降低干旱带来的危害，这对缓解干旱发挥了重要作用。

佛得角也实行计划生育政策，但遭到宗教方面的强烈抵制，因为佛得角有 3/4 以上的人口信仰天主教，而天主教认为实行计划生育、限制人口增长的政策是违反教规的。

（二）人口分布和人口密度

佛得角自 1960 年开始开展人口普查和住房普查，国家统计局每十年开展一次人口与住房普查，以统计居民数量，了解居民的寿命和居住情况。1975 年独立后，佛得角已经进行过四次（1980 年、1990 年、2000 年、2010 年）全国人口普查。2010 年，佛得角在巴西的帮助下开展了全数字化人口普查。[①]

2010 年 6 月佛得角进行的数字化人口普查显示，佛得角总人

---

① 《巴西正在帮助佛得角开展全数字化人口普查》，http：//www.macauhub.com.mo/cn/2010/02/17/8598/。

口为 491875 人，其中男性 243593 人，占 49.5%；女性 248282 人，占 50.5%。各岛的人口情况为：博阿维斯塔岛，9162 人；布拉瓦岛，5995 人；福古岛，37051 人；马尤岛，6952 人；萨尔岛，25765 人；圣安唐岛，43915 人；圣尼古拉岛，12817 人；圣地亚哥岛，273919 人；圣维森特岛，76107 人。[①]

随着总人口不断增加，佛得角的人口密度也不断加大。1996年，佛得角的人口密度为 101 人/平方千米，到 2015 年上升到 129.2 人/平方千米（见表 1-8）。

表 1-8 1996~2013 年佛得角人口密度

单位：人/平方千米

年份	1996	2000	2004	2008	2009	2010	2011	2012	2013	2014	2015
人口密度	101	110	118	120	121	122	122	123	125.9	127.5	129.2

资料来源：世界银行数据库，http://data.worldbank.org.cn/。

（三）男女比例和人口结构

历史上，佛得角女性人口全国人口的比例超过男性，这主要是由于男性大量移民国外寻找工作，以逃离恶劣的生存环境，同时也是由于女性的寿命比男性更长一些。1950 年，女性在全国人口中的比例达到最高，为 54.7%。1990 年，在各岛的人口统计中，虽然圣安唐岛、萨尔岛、博阿维斯塔岛男性人口比例稍高于女性，但是女性占全国人口的比重仍然高于男性，达到 52.1%。最近几次人口普查的结果显示，佛得角的男女比例大致相当，女性略高于男

---

① 九个岛人口相加为 491683 人，与总人口不符，两者相差 192 人。——作者注

性，如佛得角国家统计局 2010 年人口普查结果显示，女性人口比例稍高于男性人口比例，相差仅 1 个百分点（见表 1 - 9）。

表 1 - 9　1960～2016 年男女人口比例

单位：%

年份	女性人口比例	男性人口比例	年份	女性人口比例	男性人口比例
1960	53.1	46.9	2000	51.7	48.3
1965	52.6	47.4	2010	50.8	49.2
1970	52.4	47.6	2011	50.7	49.3
1975	52.9	47.1	2012	50.7	49.3
1980	53.7	46.3	2013	50.7	49.3
1985	53.1	46.9	2014	50.7	49.3
1990	52.5	47.5	2015	50.7	49.3
1995	51.9	48.1	2016	50.6	49.4

注：表中男性人口比例为笔者计算得出。
资料来源：世界银行数据库，http://data.worldbank.org.cn/。

佛得角的人口结构比较年轻，1960～2005 年 15 岁以下人口占总人口的比例基本维持在 40% 以上，2005～2010 年这一比例有所下降，但仍维持在 30% 以上。例如，2010 年，30% 以上的人口的年龄在 0～14 岁；年龄在 65 岁以上的人口占 5.9%，其中 0.3% 的人口的年龄高于 90 岁（见表 1 - 10）。

表 1 - 10　1960～2016 佛得角人口结构变化

单位：%

年份	0～14 人口占比	15～64 岁人口占比	65 岁以上人口占比
1960	42.1	52.8	5.0
1965	47.6	48.0	4.4
1970	48.5	47.5	4.0
1975	48.3	46.8	4.9

续表

年份	0～14人口占比	15～64岁人口占比	65岁以上人口占比
1980	47.2	47.8	5.0
1985	45.1	50.3	4.7
1990	46.0	49.7	4.3
1995	45.5	49.9	4.6
2000	43.5	51.4	5.1
2005	37.8	56.5	5.7
2010	32.0	62.4	5.6
2011	31.4	63.2	5.4
2012	30.9	64.0	5.2
2013	30.4	64.7	4.9
2014	30.0	65.3	4.7
2015	29.7	65.8	4.6
2016	29.3	66.1	4.5

资料来源：世界银行数据库，http：//data. worldbank. org. cn/。

（四）民族与语言

1. 民族

佛得角处于大西洋航线的十字路口。15世纪佛得角群岛未被发现之前，岛上还没有人居住。15世纪中期葡萄牙人发现佛得角后看中了其优越的港口条件，将其当作南下和西进的中转站，许多葡萄牙人因此在佛得角定居下来。最初葡萄牙人把非洲黑奴运来开垦种植园。发现美洲大陆后，佛得角群岛就成为奴隶贸易的集散地。非洲内陆地区的奴隶被掠夺至佛得角群岛，然后转运到美洲和欧洲，其中一部分奴隶留居下来。在此后的几个世纪里，葡萄牙移民和留居的非洲黑人通婚形成的混血人种经世代繁衍，最终形成今日佛得角的基本居民，被称为克里奥尔人，意思是"采用白人生活方式的混血儿"，约占全国人口的80%；另有19%属班图语系非洲人；欧洲人占 1%，主要分布在普拉亚、明德卢等城市，系早期欧罗巴人移民的后裔，讲葡萄牙语，信奉天主教。

2. 语言

佛得角的官方语言为葡萄牙语，民族语言为克里奥尔语。克里奥尔语基本上是通用于当地的简化了的葡萄牙语。大部分上层人士讲法语和英语。

佛得角克里奥尔语中的词汇大多来自葡萄牙语，但其结构和发音不同。葡萄牙殖民者鄙视这种语言。20 世纪以来，随着受教育机会的增多和新闻媒介的渐趋发达，当地人更多地接触到纯正的葡萄牙语，而克里奥尔语的一套标准发音法也已建立，为佛得角普及该种语言提供了条件。佛得角政府曾积极创造条件，推动克里奥尔语官方化，并在学校开设克里奥尔语课程，优先发展克里奥尔语文化，为研究、保护民族遗产做了大量工作。但是，佛得角议会两大党就是否修改法律将克里奥尔语作为官方语言写入宪法争执不下。

此外，由于佛得角各岛之间被汹涌澎湃的海水隔断，因此各岛上的居民都有自己的方言。

六　国旗、国徽、国歌

佛得角国旗启用于 1992 年 9 月 22 日，呈长方形，长宽之比约为 5∶3。旗底为蓝色，中部偏下有白、红、白三条色带横贯旗面，左下方有十颗黄色五角星构成圆环。蓝色象征海洋和天空，白色象征希望与和平，红色象征人民的努力，条带象征佛得角人民用勤劳的双手建设国家的道路，五角星圆环象征佛得角民族及其团结。

佛得角国徽启用于 1992 年 9 月 22 日，呈圆形。圆面顶端有一铅锤，象征宪法的公正；中心为等边三角形，象征团结和平等；三角形内的火炬象征经过斗争获得的自由；下方的三道条带分别象征海洋、环绕各岛的水域和人民的支持；圆面上的文字为葡萄牙文"佛得角共和国"。圆形两侧有 10 颗五角星，象征组成佛得角的岛屿；下面的两片棕榈叶分别象征民族独立斗争的胜利和干旱期间作为人民抗旱精神支柱的信念；连接棕榈叶的链环则象征遍布世界三大洲的佛得角侨民的友情和相互支持。

国歌：《自由之歌》，由阿米卡尔·卡布拉尔写词，由阿达尔贝尔特·赫基诺·塔瓦雷斯·斯尔瓦作曲。歌词如下：

> 唱吧，兄弟，唱吧，我的兄弟，为自由是颂曲，人民所确立。庄严地把种子埋在这荒岛的尘土里：生活犹如绝壁，希望犹如大海把我们抱在怀里。海和风的哨兵坚定不移，在繁星和大西洋之间唱着自由的颂曲。唱吧，兄弟，唱吧，我的兄弟，为自由是颂曲，人民所确立。

第二节　民俗与宗教

由于佛得角受到非洲文化和欧洲文化的影响，因此其风俗习惯既有非洲的特点也有欧洲的特点，实行一夫一妻制。佛得角虽然是一个政教分离的国家，实行宗教自由，但其绝大多数居民信奉天主教，宗教在佛得角人的生活中扮演着重要的角色。在佛得角，最隆重的节日是狂欢节。

一　民　俗

（一）生活习俗

佛得角居民的生活习俗与其他非洲国家存在很大差别，欧化色彩明显。由于受西方文化的长期影响，佛得角被称为"最具欧洲风情的非洲国家"。当地人肤色既不算很白，也不算很黑，很像巴西人或是南欧的摩尔人。而且，他们不仅长得像巴西人，连风俗习惯也相似，如亲朋好友见面习惯施拥抱礼，与女士见面时施吻面礼；人们见面交谈时忌讳提及收入、年龄、宗教信仰、情感等。佛得角人喜爱广交朋友，待人真诚热情，憨厚爽快，对男子称先生，对女子称女士、夫人或小姐。

佛得角人见面时常用的问候语言有"您好！""您近来身体好吗？""能有机会同您见面真是太高兴啦！""愿上帝保佑您的事业成功！""真诚地感谢您！"等。初次同佛得角人见面时，可以主动伸出手礼节性地同对方握一下；相互熟悉的朋友见面，先是热情拥抱一下，然后握手并讲一些问候对方的话语。在乡村地区，相互要好的朋友见面时，边说问候的话边用右手掌拍打对方的右手掌，以表示关系亲密无间。

佛得角女性对男性客人行屈膝躬身礼，或者行弯腰鞠躬礼，有身份的女性有时也会主动地伸手同男性客人握手问候。握手在当地是一种习以为常的见面礼，双方都应该热情主动，无端地拒绝对方伸过来的手是极不礼貌的行为。

（二）婚恋习俗①

佛得角实行一夫一妻制。由于历史原因，佛得角的婚姻习俗既

---

① 关于佛得角婚恋、婚礼方面的习俗，参见黄泽全《佛得角人的婚礼》，《中外文化交流》1993 年第 1 期。

保持着非洲土著居民的传统做法，又带有欧式色彩。

青年男女之间的婚姻大事，并不像其他许多非洲地区那样，需要媒人牵线搭桥，由父母拍板，而是通过田间劳动或者社交场合相互接触，彼此产生感情后再确定。如果小伙子爱上一位姑娘，为了试探姑娘的态度，便送姑娘一束鲜花，如果姑娘含情脉脉地收下鲜花，深深地向小伙子鞠躬致谢，表明她已经对小伙子产生爱慕之情，小伙子的求婚便宣告成功，两人便快乐地跳起舞。之后，这对青年男女会经常约会，以进一步培养感情，加深彼此间的好感。

佛得角人的风俗习惯中带有强烈的欧洲色彩，信奉天主教的人们喜欢在教堂里举行婚礼。只是他们的婚礼与纯粹的欧式婚礼又有不同，多少有些非洲的地方特色。

星期五被佛得角人视为吉日，婚礼一般都在这一天举行。婚礼的前 3 天，男方家庭就已经开始张灯结彩，在房顶上挂满五颜六色的小旗，把院内院外收拾得干干净净，将室内室外布置得漂漂亮亮。举行婚礼的那一天，亲朋好友从清晨起便开始陆续赶来，众人分别向新人表示祝福，并根据个人的经济情况向新婚夫妇赠送一些钱币或者献上一份礼物作为贺礼。教堂仪式结束后，新婚夫妇举办结婚宴席招待宾客，而结婚宴席的地点多选择在女方家。

（三）丧葬习俗

佛得角的丧葬习俗基本上是葡萄牙式的。人死后，遗体通常在家里停留 24 小时，目的是给死者以充分的时间返魂。由于佛得角地处热带，年平均气温高达 25 摄氏度，遗体不宜久放，因此也有上午死亡下午就入葬的。出殡时，死者的家属、亲朋好友坐车或徒步相随，行人和车辆绝不能超越灵车，这是人们对死者表示最后的敬意。天主教徒死后，棺材要先运进教堂，接受神父的祈祷和圣水的沐浴。

佛得角无火葬设施，各地方政府统一修建公墓，人死后，只需支付很少的手续费便可入葬。两年后，在同一地点还可安葬其他人，也可以花 10 万埃斯库多（相当于 1200 多美元）买下两平方米的地方作为永久墓地，该墓地可重复埋葬本家族成员。

尽管佛得角丧葬习俗的宗教意味不太浓，但是他们会严格遵守关于死亡的礼仪。葬礼是社区的大事，几乎整个社区的人都会参加。送葬者排成队伍，哀悼者哀号，如同高度程式化的表演。死者家属在未来的一年里都要着黑色服装，并禁止参加跳舞等娱乐活动。

（四）其他习俗

佛得角妇女头顶重物的情形随处可见。哪怕是一桶水、一袋米、一篮子鸡蛋、一筐水果、一捆烧柴、一根木头、一件农具等，都是用头顶的。那里的妇女喜欢将头发编织成若干小辫子，有时达数百根。在头顶重物时，她们会先将辫子盘起来，或用长布带盘成一个布盘，以便垫放东西，防止重物滑落。

佛得角人有几代人居住在一起共同抚养孩子的传统。家庭情况也经常变化，孩子往往和姑姑、叔叔或者其他亲戚住在一起，尤其是上学的时候。由于男方移民以及事实上的一夫多妻制，因此单亲妈妈们往往要承担繁重的家务。

婴儿出生 7 天后，父母要为其举行一个大型的聚会，称作赛特（sete），内容主要是歌舞。午夜，客人涌入婴儿的房间，为他歌唱，以保护他免受恶魔的伤害。孩子还小的时候，母亲在去劳作时习惯将孩子用带子背在后背上。

二 节 日

佛得角的节日分为全国性节日和地方性节日两种。全国性节日
主要有：

1 月 1 日，新年

1 月 13 日，自由民主日

1 月 20 日，民族英雄节

3 月 8 日，国际妇女节

5 月 1 日，国际劳动节

6 月 1 日，国际儿童节

7 月 5 日，民族独立日

8 月 15 日，圣母日

11 月 1 日，万圣节

12 月 25 日，圣诞节

此外，在佛得角，最隆重的节日是狂欢节，一般在复活节前
40 天的一个星期二举行，届时全国放假。明德卢市是佛得角狂欢
节的发源地。100 多年前，随着航海业的发展，来自欧美的大批商
船停泊在这里进行贸易，同时也将欧美的社会习俗带入此处，狂欢
节便是巴西水手带来的。1912 年，明德卢市举办了第一次狂欢节，
以后这一节日逐渐传播到其他地区，并发展为全国性节日。

节日期间，各地都要以歌舞的形式隆重庆祝。人们身着节日盛
装，聚集在街道、广场和公园，尽情歌舞，彻夜不眠。文艺演出和
体育比赛异彩纷呈，使节日气氛更加热烈。节日清晨，狂欢的人们
纷纷走上街头，大街小巷锣鼓喧腾，能歌善舞的人们扭动身体，跳
起节奏强烈的非洲舞。下午，狂欢活动达到高潮，预先组织起的舞

蹈队在全市主要街道表演歌舞，为赢得围观者的掌声，各队使出看
家本领，精彩场面层出不穷。代表各舞蹈队的彩车也在此时亮相，
彩车以花草、彩带作为绚丽的装饰，经严格挑选的一名漂亮少女扮
成公主，站在彩车上，向人们微笑致意。狂欢活动的组织者根据彩
车的造型、装饰和各队的队形、舞姿，评选出优胜者，给予物质奖
励。晚上，人们在露天场所通宵欢舞，整座城市成为欢乐的海
洋。①

　　除了全国性节日外，佛得角的各个行政区往往还有自己的传统
节日。这些传统节日本身都带有浓厚的宗教色彩，它们的名称也
都和天主教有关，如首都普拉亚的传统节日叫"圣母的恩典"。
在这些节日里，喜爱音乐、能歌善舞的佛得角人纷纷走上街头，
表演民族舞蹈和演奏传统音乐节目，品尝各地的风味食品并观看
赛马活动。

　　圣维森特岛一年一度的"戛塔湾艺术节"（Bala Das Gatas）也
很有特色。艺术节一般在 8 月满月的周末举办。届时，许多国内外
乐队都会在音乐节上进行表演，此外还有舞蹈和火爆的晚会。不论
男女老少，大家一起欢歌笑语，共同度过这一月圆之夜。

三　宗教

　　佛得角实行宗教自由，公民可以参加国家规定的各种宗教节日
活动。虽然佛得角是一个政教分离的国家，但宗教对政治的影响仍
然不可小觑。例如，1991 年大选佛得角非洲独立党之所以失败，
就是因为它与天主教的关系紧张。但总体上看，政党和天主教相安

---

① 关于"佛得角狂欢节"，参见 http://www.24jq.net/kuanghuanjie/jie353/。

无事，和平相处。

根据 2010 年的统计，78.7% 的居民信奉天主教，10.4% 的居民信奉新教，另有 10.9% 的居民信奉其他宗教如犹太教、伊斯兰教或者不信教。信仰其他宗教的人大都是从美国归国的移民。佛得角有一种叫作"莫纳"（Morna）的土著音乐，被称为"不信仰宗教的黑人的圣歌"。现在，少数教派如巴哈伊教（Bahai）和摩门教（Mormons）等在岛上有所扩展，建立了很多小教堂，吸引了越来越多的人。犹太教在岛上没有统一的机构和组织，但是犹太教的聚居区在佛得角的社会发展中起着重要的作用。

独立前，宗教是葡萄牙对佛得角实行殖民统治的工具。独立后，面对恶劣的生存环境，宗教在人们的生活中依然扮演着重要角色，佛得角人总能从宗教中寻到安慰。每个城镇都有一座教堂，教堂在佛得角人的日常生活中非常重要，许多重要的活动如婚礼都是在教堂里进行的。大部分佛得角人虽是天主教徒，却不是人人都要进行宗教活动。此外，信教的佛得角人往往会选择某个固定的宗教节日举行社区聚会，一起唱歌、跳舞、进餐等。

第三节　特色资源

位于首都普拉亚市区以西约 15 千米处的大里贝拉是葡萄牙在西非建立的第一个城市，也是欧洲国家在热带地区建立的第一个城市。大里贝拉见证了欧洲在非洲进行殖民统治和贩卖黑人奴隶的历史，于 2009 年入选世界遗产名录。佛得角第一大城市为首都普拉亚，著名港口城市明德卢为第二大城市。沙滩、阳光、岛屿以及具有浓厚南欧风情的城镇，构成佛得角独具特色的旅游资源。

一 名胜古迹

(一) 大里贝拉历史中心

大里贝拉历史中心 (Historic Centre of Ribeira Grande) 位于圣地亚哥岛南部、普拉亚市区以西约 15 千米处。这是一座殖民时期最有象征性和最令人印象深刻的城市，其历史可追溯到 15 世纪末，18 世纪末更名为旧城 (Cidade Velda)。1462 年，最初发现该城的安东尼奥·达·诺拉 (Antonio da Noli) 将该地命名为大里贝拉。

大里贝拉市曾是航海家在大西洋航行必须停靠的中转站，著名航海家达·伽马、韦斯普奇 (Amerigo Vespucci)、哥伦布、德阿尔布开克 (Afonso de Albuquerque) 和德·卡诺 (Sebastião del Cano) 等都曾到过此地。1466 年，由于战略位置优越，大里贝拉成为贩运奴隶的集散地，是把从几内亚比绍和塞拉利昂掳来的奴隶贩卖到巴西的重要港口。从几内亚湾沿岸贩运来的奴隶在这里经过"教化"、恢复体力后，再由黑奴船运载横渡大西洋，被贩卖到南美洲的种植园。

首批葡萄牙移民登陆 70 年后，大里贝拉初具城镇规模。该城的日渐繁荣和逐步积累起来的财富，使其成为海盗船经常攻击的目标。为抗盗护城，1593 年葡萄牙人修建了圣菲利佩要塞，但仍然抵挡不住海盗船的攻击。1712 年，赫赫有名的法国海盗雅克·卡萨特 (Jacques Cassart) 攻克要塞，将大里贝拉城夷为平地，迫使人们迁移到普拉亚，此后大里贝拉就成为闻名遐迩的"旧城"。

大里贝拉见证了欧洲对非洲的殖民统治和奴役。罗萨里奥教堂、圣菲利佩要塞和位于旧城中心对奴隶行刑的奴隶桩等均保存至今，作为曾经被殖民的历史见证。2009 年，第 33 届世界遗产大会将旧城纳入世界遗产名录，使其成为佛得角第一个也是目前唯一一个入选世界遗产名录的景观。

（二）佩德拉·卢梅盐湖

位于佛得角萨尔岛东海岸的佩德拉·卢梅盐湖（Pedra Lume Salt Lake）非同寻常，海水从地下渗入巨大的火山口内，经蒸发后形成晶体盐，其多姿多彩的自然景观举世无双，佛得角正在为它申报世界自然遗产。不同于一般的湖泊，佩德拉·卢梅盐湖白色的晶体盐在阳光照耀下闪闪发光，再加上周围的景色，形成了独特的自然风景，每年吸引大量游客前来参观。

佛得角的盐场，可以称得上是盐山，见证了佛得角整整一个时代的变迁。佛得角萨尔盐场的开采始于 18 世纪，是岛上最早的经济活动。盐被发现后，萨尔岛才逐渐发展起来，为人所重视，而盐则成为 19 世纪中期萨尔岛的主要出口产品。19 世纪中叶，法国一家公司买下盐场；20 世纪初建成索道，促进了生产，产品大部分出口非洲和巴西；30 年代末，盐场进入鼎盛期，此后逐步衰落；70 年代末停产；90 年代末转让给意大利一家公司进行旅游开发。目前，来这里旅游的多是葡萄牙人或者意大利人，他们非常喜欢这里的"盐疗"，佩德拉·卢梅盐湖因此被称为佛得角的"死海"。

二 著名城市

（一）普拉亚市

佛得角首都普拉亚坐落在佛得角群岛最大的岛圣地亚哥岛南端、海拔 30 米的台地上，是佛得角政治、经济、文化中心，是佛得角政府机构、议会以及各国外交使团所在地，也是欧洲、南美和西非的海底电缆站。普拉亚是一座沿海城市，南濒大西洋，东、北、西三面为高地，东、西两侧有公路盘旋而上通往市区。如从西部的公路进入市区，右侧是一片稠密的园林，透过茂密的林木，可隐约看见一座欧式的赭色三层楼房，它就是佛得角共和国的总统府；白色的总理府则位于总统府的东面；公路左侧的台地上是错落有致的政府各部办公楼和银行。从飞机上向下俯瞰，普拉亚好像坐落在一个巨大高耸的舞台上，地势十分险要。

普拉亚始建于 18 世纪后半期，因其大西洋沿岸有 1000 多米长的海滩，故取名普拉亚，意为"海滩"。在葡萄牙殖民统治时期，佛得角的首府设在距普拉亚市约 15 千米的旧城，18 世纪初旧城被海盗摧毁后才迁至普拉亚。1770 年，普拉亚在最初的一些行政、城防建筑落成后正式成为佛得角的首府。从 19 世纪开始，普拉亚的贸易日益繁荣，人口不断增加，初具规模，1858 年正式建成。1975 年佛得角独立后，普拉亚市被定为首都。

普拉亚市经济比较繁荣，拥有联系欧、非、美三大洲的航海、航空中间站以及海底电缆站，有水泥、食品、卷烟等小型工业。

普拉亚市的海滨是佛得角的主要旅游胜地，有著名的金色海滩和海滨旅馆。这里的金黄色沙滩平缓开阔，沙细软，水清暖，是游泳和进行风浴、沙浴以及日光浴的理想场所，也是进行划船、冲浪等海上运动的好地方。

普拉亚市内的主要建筑物具有浓厚的西方建筑风格，建有尖顶的天主教堂和整齐的石头街道，街道两旁绿树成荫。市中心的"九一二"广场①是人们经常聚集的地方，每逢重大节日，政府首脑常

---

① 几内亚比绍和佛得角非洲独立党的创始人和前总书记、两国民族解放运动杰出的领袖以及国家独立的奠基人阿米尔卡·卡布拉尔生于 1924 年 9 月 12 日，为了纪念他，佛得角共和国将该广场命名为"九一二"广场。

在广场北侧的卫生部大楼上检阅游行队伍并发表演讲。市内的塞尔邦斯商业公司是佛得角全国最大的私人商店。

普拉亚市中心一共有 5 条大街。市中心的集市从早晨 8 点多开始，一直持续到下午太阳落山之前，街道熙熙攘攘，喧嚣拥挤，是佛得角最繁华的地方。

佛得角国父纪念碑与议会大厦是多数游客都会到访的景点，它们是 2000 年由中国政府援建的，相当于北京的人民英雄纪念碑和人民大会堂。大厦是对外开放的，可以在规定的时间内进去参观。

普拉亚市与中国的济南市和三亚市是友好城市。

（二）明德卢市

明德卢是圣维森特岛北部的港口城市、圣维森特县的首府以及仅次于首都普拉亚的第二大城市。2010 年，明德卢人口占整个圣维森特岛人口的93%。明德卢经济以农业为主，种植木薯、玉米以及豆类等；工业生产规模较小，主要有面粉、食品、水产以及服装等小型工业；交通运输以公路和海运为主。

明德卢是圣维森特岛重要的文化、艺术中心，也是佛得角主要的文化发源地和传播中心。市区具有欧洲风格，当地文化气息较为浓厚。明德卢因其丰富多彩和活力十足的狂欢节而闻名。2~3 月的狂欢节是岛上最有代表性的文化活动之一，已成为圣维森特岛最重要的旅游亮点。

葡萄牙人最早于 1795 年在明德卢定居。1838 年，明德卢成为英国东印度公司船只的煤炭补给站，1850 年成为英国皇家邮政邮船公司（Royal Mail Steam Packet Company）的补给站，1884 年铺设连接欧洲、非洲和北美的海底通信电缆后，明德卢成为大英帝国的重要通信中心。1900 年后，随着轮船燃料由煤炭向石油转变，明德卢的重要性下降，并开始衰落。佛得角独立前，失业和贫困冲击着岛上的民众，20世纪30年代的饥荒和经济危机更让岛上居民雪上加霜。佛得角独立后，明德卢的地位日益凸显，经济也稳步增长。

明德卢坐落于波尔图港湾（Porto Grande Bay），该港湾是一个大型的天然良港，又称格兰德港（Porto Grande），是佛得角最大的海港。明德卢一面向海，其他三面被低矮的山峦包围。朱丽贝拉河（The River Ribeira de Julião）穿城而过。

三 旅游景点

佛得角是群岛国家，位置特殊，风景独特。一方面，佛得角干旱少雨，频繁发生旱灾，自然资源匮乏，生存环境恶劣;[①] 另一方面，佛得角有迷人的沙滩、温暖的气候，自然景观独特，可谓"兼具恶魔与天使之美"。

（一） 岛屿特色

作为群岛国家，佛得角的每个岛都独具特色。

1. 萨尔岛

萨尔岛是佛得角群岛中最早形成的岛，1460年12月3日被葡萄牙航海家发现后取名拉纳岛。佩德拉·卢梅等盐场出现后，更名为萨尔岛（Sal，意为"盐"）。直到19世纪中期，法国的萨兰杜迷笛盐业（Les Salins du Midi）公司还能从佩德拉·卢梅盐场的岩层里掘取丰富的白盐。如今盐场成为这片萧索的土地上最具特色的

---

① 参见 Bruno Barbier、赵德明、富察青云《佛得角：那种只属于恶魔的美》，《商务旅行》2009年第2期。

旅游景点。

萨尔岛是佛得角的主要门户，也是重要的旅游胜地。萨尔岛很平坦，但几乎寸草不生，除了一两块类似"沙漠绿洲"的地方，剩下的全是介于戈壁与荒漠之间的不毛之地，几处火山锥勾勒出一幅奇特的月球表面景象，成为佛得角重要的旅游资源。20 世纪 30 年代，随着航空业的发展，萨尔岛成为欧洲—南美航线的后勤补给要地。此后，机场成为萨尔岛经济发展的动力源。如今，岛上的阿米卡尔·卡布拉尔国际机场是佛得角最主要的国际机场。作为佛得角的主要门户，阿米卡尔·卡布拉尔国际机场在萨尔岛的发展中发挥了主导作用，促进了本岛乃至全佛得角旅游资源的开发和利用。岛上的主要城镇有埃斯帕戈斯（Espargos）、佩德拉·卢梅、圣玛丽亚和马德拉（Murdeira）等。其中，美丽的渔村帕尔梅拉（Palmeira）和岛南岸的圣玛丽亚镇（Vila de Santa Maria）都是重要的旅游景点。

2. 圣安唐岛

圣安唐岛是佛得角第二大岛，系火山岛。岛上大部分为山地，山峦起伏，地形崎岖，最高点科罗亚峰（Tope de Coroa）的海拔为 1979 米。岛上分为大里贝拉、保罗和波多诺伏三个行政区，东北岸的大里贝拉是主要城镇，西南岸的塔拉法湾是优良的泊锚地，其他城镇有保罗、波多诺伏（也称新港）、蓬塔索尔（也称索尔角）。1462 年，葡萄牙船长安东尼奥·达·诺拉手下的迪奥戈·阿丰索首次登上该岛，由于这天正好是圣安东尼节，故命名该岛为圣安唐岛。1548 年，第一批葡萄牙人来到大里贝拉居住。岛上有温泉，朗姆酒和咖啡是该岛最重要的产品。

圣安唐岛的地势令人头晕目眩，陡峭的山谷和高耸的群山是健行者的天堂。一条石砌的道路贯穿整座岛屿，随地势起伏攀上高峰又跌入低谷。这项浩大的工程是葡萄牙人在佛得角独立前几年完成的，用以打通该岛北部交通，方便货物运送到波多诺伏港。

3. 圣维森特岛

圣维森特岛的西边是圣安唐岛，东边是圣卢西亚岛，与圣安唐岛之间隔着圣维森特海峡。圣维森特岛是在 1462 年 1 月 22 日被发现的，由于缺水，直到 1838 年在岛北岸的明德卢设立一个为航行在大西洋上的船只提供补给的加煤站，该岛才日渐繁荣起来。岛西北岸的明德卢是重要的港口城市。圣维森特岛是西非歌后西莎莉亚·艾芙拉（Césaria Évora）的家乡，也是佛得角原始文明与现代文明的交汇地，克里奥尔文化与欧洲文化在这里得到完美的结合。

此外，圣维森特岛为水上运动，特别是帆板、冲浪、单板划船等提供了良好的条件。圣佩德罗（São Pedro）海岸由于浪高水急，被认为是世界上速度帆板运动和单板运动的最佳场所之一，许多世界级冠军均诞生于此。圣维森特岛人有爱运动的传统，许多运动已从这里扩展到其他岛屿。圣维森特岛还拥有一个设施优良的 18 洞高尔夫球场。由此可知，圣维森特岛的旅游业有巨大的发展潜力。

4. 博阿维斯塔岛

博阿维斯塔岛位于佛得角最东端，是佛得角第三大岛，仅次于圣安唐岛和圣地亚哥岛。博阿维斯塔的意思是"漂亮的风景"。1456 年 5 月，威尼斯船长阿尔维塞·卡达莫斯托（Alvise da Cada Mosto）首次到达博阿维斯塔岛，由此该岛成为当年航海家们发现的佛得角第一岛。该岛地势平坦，最高点是埃斯坦西亚山（Monte Estancia），海拔 387 米，此外还有圣安东尼奥山和蒙特内格罗山。

岛上的主要城镇是西北海岸的首府萨尔雷，产食盐和海石蕊。港口和渡轮在博阿维斯塔岛的西北一侧，阿里斯蒂德斯·佩雷拉国际机场位于拉比尔（Rabil）村。周边小岛萨尔雷岛西部有一座灯塔。

由于风景秀美，博阿维斯塔岛也被称作"沙丘岛"或"奇幻岛"。博阿维斯塔岛上有55公里长的白沙滩和清澈见底的湛蓝海水，是整个群岛中海滩延伸最长的岛，岛上最著名的旅游胜地为西南边的圣莫尼卡海滩（Praia de Santa Monica）。岛上最典型的植物是棕榈树。此外，博阿维斯塔岛的海龟和传统音乐也很有名。总而言之，博阿维斯塔岛以其独特的风光吸引着越来越多的游客。

5. 圣地亚哥岛

圣地亚哥岛是佛得角面积最大、人口最多的岛，位于马尤岛和福古岛之间。该岛东南岸的普拉亚是佛得角的首都和著名港口。岛上最高点为安东尼奥峰（Antonia peak），海拔为1392米。1456年5月1日，葡萄牙船长卡达莫斯托首次到达该岛，因为这天是圣詹姆斯节，故将该岛命名为圣地亚哥岛。1462年，意大利热那亚航海家安东尼奥·达·诺拉带领一队葡萄牙移民在后来被称为大里贝拉的地点登陆，由此诞生了佛得角的第一个城镇。因此，圣地亚哥岛是佛得角最早的居民点，也是葡萄牙在佛得角的第一块殖民地。

随着大里贝拉和圣地亚哥岛的发展，这里逐步成为临近非洲海岸贩运奴隶的基地。奴隶贸易推动了佛得角的繁荣。1712年，旧城（即大里贝拉）被海盗洗劫一空，首都迁往普拉亚。随着奴隶贸易的衰落、终止，圣地亚哥岛的经济活动逐步转向农业。历史悠久的大里贝拉旧城在2009年被联合国教科文组织批准为世界文化遗产。

6. 马尤岛

马尤岛位于博阿维斯塔岛和圣地亚哥岛之间，是背风群岛中位置最靠东的岛，因于 1460 年 5 月 1 日由葡萄牙航海家首次发现而被命名为马尤岛（葡萄牙语意为"五月"）。西南岸的马尤（也称为英吉利港）为岛上主要城镇，其他村镇有巴雷罗（Barreiro）、菲盖拉（Figueira）、里贝拉·丹·若昂（Ribeira Dom João）、佩德罗·瓦斯（Pedro Vaz）、普拉亚·贡萨洛（Praia Gonçalo）、圣安东尼奥（Santo António）、卡列塔（Cadjeta）、莫罗（Morro）等。马尤岛被一片广袤的白色沙滩包围，几个宁静的小村庄点缀其中。和其邻岛博阿维斯塔岛一样，马尤岛很容易让人联想到沙漠中的海市蜃楼。

7. 福古岛

福古岛（葡萄牙语意为"火"）位于圣地亚哥岛和布拉瓦岛之间，是佛得角群岛中的第四大岛。葡萄牙人于 1500 年在该岛定居。福古火山是佛得角群岛最壮观的风景，一直处于活跃状态，周期性喷发，1995 年喷发后形成了一个名为彭奎那（Pico Pequeno）、直径达 9 公里的破火山口，断崖高度达 1000 米。破火山口的东边有一个裂口，中间有一个突起的山峰。这一锥形峰成为岛上的最高点，比破火山口四周的断崖高出 100 米。

作为佛得角最南边的岛屿之一，福古岛的降雨量虽然最多，但岛上的溪流常年干涸。岛上最大的城市为圣菲利佩，其建筑为典型的葡萄牙风格。东北方向的莫斯特罗是岛上第二大城镇。福古岛的西南部是一片肥沃的土地，北部和东部陡峭，从海洋中陡然突起，非常壮观。

8. 布拉瓦岛

布拉瓦岛是佛得角共和国最南端的岛，新辛特拉为主要城镇，东海岸的富尔纳村有一个商业港口，岛上有小学、中学和教堂。该岛于 1462 被葡萄牙发现，1573 年葡萄牙人在此建立了第一个奴隶贸易定居点。

9. 圣尼古拉岛

圣尼古拉岛位于圣卢西亚岛和博阿维斯塔岛之间。岛上多山，最高点为蒙戈多山（Monte Gordo），海拔 1312 米。机场位于里贝拉·布拉瓦镇南部。从 15 世纪起开始有人在此定居，经济以农业（咖啡、柑橘、豆类、谷类）和养马为主。1461 年 12 月 6 日，葡萄牙船长安东尼奥·达·诺拉首次登陆该岛。

10. 无人居住的岛屿

佛得角共有 10 个无人居住的小岛，其中有 3 个岛独具特色，分别是圣卢西亚岛、布朗库岛和拉佐岛。

圣卢西亚岛位于圣维森特岛与圣尼古拉岛之间，最高峰海拔 395 米，海岸线长 32.6 千米。圣卢西亚岛非常干燥，迄今无人居住，20 世纪岛上建立了一个气象监测点。圣维森特岛东岸的卡廖村（Calhau）的渔民有时会乘两个小时的渔船到达该岛，并做短时间逗留。2003 年以后，该岛成为自然保护区。

布朗库岛在圣卢西亚岛东南部，最高点海拔 327 米。岛上非常干燥，降水稀少，夏季平均气温约为 25 摄氏度，冬季平均气温为 20 摄氏度，无人居住，是海鸥、海燕、鹰隼和伊阿古麻雀等海鸟的繁殖地，被国际鸟盟确定为重要鸟区。

拉佐岛位于圣尼古拉岛西部、布朗库岛东南部，系火山岛。该岛整个海岸线由岩石峭壁组成，最高点海拔 164 米，平均气温超过 20 摄氏度，无人居住。岛上植被稀少，是海鸟的栖息地，有海鸥、红嘴鸥、海燕、红隼和伊阿古麻雀等海鸟，也已被国际鸟盟确定为重要鸟区。

（二）著名旅游胜地

1. 圣莫尼卡海滩

圣莫尼卡海滩位于佛得角博阿维斯塔岛的西南海岸，被称为佛得角最安逸的海滩。在这里不仅可以观赏海龟、鲸鱼、海豚和栖息在自然环境中的各种候鸟，而且可以进行各种水上运动。海滩长15千米，从岛的西北部一直延伸到岛的东南部。海水清澈见底，细白的沙滩在碧绿的大海和蓝天、白云、阳光的衬托下如诗如画，自然环境十分优美，是一个理想的度假胜地。

2. 圣玛丽亚海滩

圣玛丽亚海滩（Praia de Santa Maria）位于萨尔国际机场以南17千米处，细沙洁白，海水清澈，是萨尔岛最具魅力的去处。绵延8千米的海滩沉浸在蔚蓝色的海水中，温和的海水、宜人的气候、舒适的环境使其成为世界闻名的度假胜地之一，深受冲浪爱好者的喜爱。

3. 大海滩

大海滩（Praia Grande）被誉为佛得角最漂亮的海滩，位于普拉亚市。大海滩从普拉亚市西北延伸至东南，呈月牙形，长约2千米，是一个享受日光浴的理想海滩。大海滩附近为草原和岩石地貌，这使其更加罕见和珍贵，为附近居民提供了重要的休闲场所。

4. 塔拉法尔小镇

塔拉法尔小镇位于圣地亚哥岛北端，与岛南端的普拉亚相距70多千米。塔拉法尔小镇原本是坐落在高出海面几米的海岸上的一个渔村，有着碧蓝的海水、温和宜人的气候，风光旖旎。该镇面积为203平方千米，主要经济活动为渔业和农牧业。

第二章

历　史[*]

佛得角有 500 多年的历史。1456 年，葡萄牙人首次来到佛得角；1495 年，葡萄牙正式把佛得角变成自己的殖民地；从 16 世纪初起，佛得角成为殖民主义者贩卖奴隶的市场和转运站；1975 年 7 月 5 日，佛得角独立，成立佛得角共和国，实行一党制和计划经济体制；1990 年，佛得角实行多党制，顺利完成了政治转型。

第一节　独立前的历史

在 15 世纪中叶被发现之前，岛上无人居住。被发现后，佛得角成为葡萄牙的殖民地，成为殖民主义者向非洲大陆渗透的据点和向南美洲贩卖非洲黑奴的转运站。第二次世界大战后，佛得角人民展开了争取民族独立的运动，经过艰苦的斗争，于 1975 年赢得独立，成立了佛得角共和国。

一　佛得角被发现及其早期居民

根据一些岩石上的壁画推断，佛得角曾有过古老的人类文明。

---

* 本章内容主要参见 Richard A. Lobban，*Cape Verde*：*Crioulo Colony to Independent Nation*（Westview Press，1995）；Richard A. Lobban，Paul Khalil Saucier，*Historical Dictionary of the Republic of Cape Verde*（The Scarecrow Press，2007）。

在圣尼古拉岛的西北方离里贝拉·普拉塔不远处，可以看到岩石上刻有神秘的符号，据考证这可能是 7 世纪时阿拉伯航海家抵达此处后遗留的痕迹。

关于发现佛得角群岛的年代，争论很多。有观点认为，最早涉足该群岛的是非洲的渔民，圣地亚哥岛曾经作为西非沿海沃洛夫人（Wolof）躲避敌人的地方，阿拉伯人或伊斯兰化的非洲人可能到过萨尔岛以获取盐，可惜所有这些说法都没有留下文字记录。

1445 年，葡萄牙殖民者迪尼斯·费尔南德斯（Dinis Fernandes）乘船越过毛里塔尼亚的海滩，驶近西北非大西洋沿岸长满罗望子树的绿色海岬，他将这一尖角取名为佛得角（葡萄牙语意为"绿色海角"）。1456 年，威尼斯船长卡达莫斯托来到此海岬以西的一组岛屿上，并将这组岛屿命名为佛得角群岛。1460 年，葡萄牙的探险家迪奥戈·戈麦斯（Diogo Gomes）和安东尼奥·达·诺拉发现并命名了马尤岛和圣地亚哥岛。1462 年，迪奥戈·阿方索（Diogo Afonso）发现并命名了其他岛屿，以后陆续有葡萄牙人来此定居。佛得角群岛因其最靠近非洲西海岸的佛得角而得名，意为"绿色海角"或"绿色之岬"。

迪奥戈·戈麦斯和安东尼奥·达·诺拉发现马尤岛和圣地亚哥岛后不久，葡萄牙国王阿丰索五世即把这一群岛赐给他的弟弟斐迪南亲王（Prince Ferdinand），并让一批葡萄牙贵族、商人到岛上定居，同时将一部分葡萄牙犯人流放到该地。另有少数意大利人和西班牙人也上岛定居。1470 年，佛得角群岛归曼努埃尔亲王（Prince Manuel）所有。1495 年，曼努埃尔亲王继承王位，佛得角群岛成为葡萄牙王室领地的一部分，正式沦为葡萄牙的殖民地。

葡萄牙殖民者一开始试图在佛得角建立甘蔗种植园，但是由于以下三个原因而未成功。一是干旱少雨和变幻莫测的气候；二是不规则的地形和疏松的土质，使灌溉极为困难；三是远离葡萄牙本土。干旱、流行病以及其他自然灾害使佛得角很不适合人类居住，但是佛得角有一项巨大的优势，那就是地理位置优越。它处于几条重要的航线交汇处，从欧洲去巴西和印度都要经过佛得角，可以在此补充燃料、食品和进行检修，返回时同样如此。16世纪，欧洲、印度、西班牙和美洲的大量商品，包括金属、纺织品、念珠、辣椒、银币、手镯和其他小饰物以及葡萄酒、白兰地和欧洲的工业品都要取道圣地亚哥岛去几内亚湾；从非洲带回的则有象牙、蜂蜜以及奴隶。因此，佛得角的历史因其特殊的气候和优越的战略位置而独具特色。

二 奴隶贸易时期

从1495年起至独立，佛得角遭受葡萄牙殖民统治达480年之久。葡萄牙殖民者占领了佛得角群岛后即以此为据点继续南行，向几内亚、圣多美、刚果、安哥拉等地深入。他们到西非沿岸，特别是几内亚一带抢掠黄金、宝石、象牙和蓝靛等贵重物资，同时掳掠当地的黑人到佛得角开荒种地，或充当白人的奴隶。16世纪初奴隶贸易兴起后，佛得角更成为殖民主义者贩卖奴隶的市场和转运站，殖民主义者把在非洲大陆搜捕来的大批黑人运到佛得角群岛集中，然后一船船地运往葡萄牙、西班牙、巴西、西印度群岛等地出售。圣地亚哥岛东南部的大里贝拉市（即"旧城"）中心广场上有一个四五米高的石柱，在这里无辜的黑人被吊打致死，现在，这个血迹斑斑的石柱仍然保留着，以作为殖民主义罪恶的见证。①

佛得角的奴隶贸易曾经非常繁荣。1501～1600年，估计每年有650～1000名奴隶取道佛得角被运往美洲。17世纪，估计共有28000名奴隶取道圣地亚哥岛被运往"新世界"（即美洲），其中大部分被运往南美洲。随着奴隶贸易的兴盛，佛得角日益富裕，地位变得更为重要。1532年，葡萄牙向佛得角派遣了第一位主教；1595年，向佛得角派遣了第一任总督。

佛得角也因奴隶贸易而繁荣一时。大里贝拉由于贩卖奴隶而变成占地面积广大、建筑宏伟的城市。它是葡萄牙在西非地区创建的第一个城市，也是西非第一个天主教教堂所在地，被佛得角的白人自豪地称为"民族的摇篮"，并因此引起了法国人、英国人、荷兰人的妒忌。他们利用群岛的隐蔽港口，伺机攻击葡萄牙的渔船和商船，有时直接进攻佛得角群岛。英国人弗朗西斯·德雷克（Francis Drake）爵士于1585年和1592年两次进攻大里贝拉，其中在1585年的一次进攻中，弗朗西斯·德雷克爵士带领25艘船、2300名部下在大里贝拉烧杀抢掠，然后将其付之一炬。1712年，法国派兵进攻大里贝拉，所有的金铜器皿被洗劫一空，就连教堂里做礼拜用的黄金和白银器具也在劫难逃，大里贝拉再次被毁。

佛得角的奴隶贸易带动了其他贸易的发展。首先是盐的贸易。马尤岛盐的储量丰富，1670年一位葡萄牙的海员惊呼"这儿的盐足够装满一千艘船"。盐不仅可以作为食物的佐料，而且可以用来保存食物，以防其变质腐烂；不仅是一种很好的压舱物，而且可以用来交换冈比亚的石灰石。1660年，英国对所有从马尤岛购买的

---

① 参见孙跃楣《大西洋上的明珠——佛得角群岛掠影》，《西亚非洲》1984年第4期。

用来保存鱼产品的盐给予优惠的进口关税。1826 年和 1880 年，338 艘美国船开进佛得角买盐，用来与盐直接交换的都是当时紧缺的产品，如丝绸、纸、棉布、火药、酒和毛料布等。17 世纪，每年大约有 80 艘船到佛得角买盐。19 世纪早期，当地的一位名叫曼努埃尔·安东尼奥·马丁斯（Manuel Antonio Martins）的商人建立了一整套设施，试图对盐的生产、运输和销售进行集中管理。盐的贸易还带动了一些其他产品的贸易，如船只需要补充的燃料、食品等，同时也带来了一些其他间接收入，如船务收入。

除了盐的贸易外，还有两种重要产品的贸易也得到发展。一种是染料海石蕊（Orchil）的贸易。海石蕊是一种生长在海边悬崖峭壁上的染料植物。这种植物主要在欧洲有需求，因为混合某种特定的添加剂，它可变成猩红、紫色或蓝色的染料。葡萄牙人从这种贸易中获得了暴利。直到 1838 年，佛得角人才可以自由地买卖海石蕊。但由于多年的残酷剥削，海石蕊不仅数量大大减少，而且质量严重降低。

另一种是由奴隶织造的棉纺织品贸易。1550～1825 年，棉纺织品交易在佛得角很繁荣，在种类和技术上都超过了非洲大陆。当时棉纺织品共有 24 种设计，各有不同的定价，其中最受欢迎的是一种被称为"帕诺"（Pano）的棉纺织品。[①] 18 世纪中期后，佛得角的棉花种植和棉布纺织开始衰落。

三 佛得角的独立

1876 年奴隶贸易完全被废除后，佛得角的经济也完全衰败，

---

① 因其设计酷似某些动物皮毛上的斑点而得名。

加上干旱日益严重，佛得角的历史成为一部绵延不断的旱灾和饥荒史，而贪污腐化和管理不善使情况更加恶化。岛上的居民特别是布拉瓦岛上的居民开始移居美国。移民寄回家乡的钱，对支撑佛得角的经济起了很大的作用。但是第一次世界大战后，海运的衰败和美国实施的移民限额政策进一步导致了佛得角的衰落。葡萄牙政府给予的灾荒救济款和发展贷款对防止衰败作用甚微。

1836年，葡萄牙在佛得角设立殖民政府，把佛得角和几内亚比绍作为总督统治下的一个县。这种统治模式一直维持到1879年。这一年，葡萄牙制定了《殖民法》。该法规定把几内亚比绍和佛得角分开，在几内亚比绍建立殖民政府，佛得角仍作为总督统治下的一个县。1951年，佛得角成为葡萄牙的"海外省"，由总督在政府委员会和部分民选的立法会协助下管理佛得角，首府是位于圣地亚哥岛上的普拉亚。为了便于管理，佛得角被划分为12个行政区、31个教区。

佛得角的政治生活受到严格的限制，尤其是1926年葡萄牙建立独裁统治之后。但是岛上还是出现了民族主义运动，要求摆脱葡萄牙的殖民统治。1936年，明德卢出现了第一份反殖民统治的报纸《光明》（*Claridade*）。

第二次世界大战后，特别是在1955年万隆会议发出支持非洲人民争取独立斗争的呼声之后，反殖民统治的斗争席卷了非洲大陆，葡属殖民地人民也展开了争取民族独立的运动。1948年，佛得角的甘蔗种植园工人举行了大罢工。

从1953年起，阿米卡尔·卡布拉尔（Amílcar Lopes da Costa Cabral）开始从事秘密的民族解放斗争。1956年9月19日，他与其弟路易斯·卡布拉尔（Luís de Almeida Cabral）（后任几内亚比绍首位国家元首）、阿里斯蒂德·马里亚·佩雷拉（Aristides Maria Pereira）（佛得角首位总统）等6人创建了几内亚比绍和佛得角非洲独立党（Partido Africano da Independencia do Guine e Cabo Verde, PAIGC, 以下简称"几佛独立党"），拉斐尔·巴博萨（Rafael Barbosa）被选为第一任党主席，阿米卡尔·卡布拉尔任党中央总书记。几佛独立党曾领导了圣安唐岛农民暴动、圣维森特岛学生罢课、码头工人罢工等斗争。由于佛得角是岛国，不利于隐蔽，因此卡布拉尔等领导人决定选择几内亚比绍作为斗争基地。

在几佛独立党成立最初的3年时间里，与非洲其他地区激进的反殖民斗争不同的是，它一直坚持非暴力政策，但仍然遭到殖民当局的镇压。1959年8月3日，几佛独立党领导几内亚比绍的皮德吉吉蒂港工人进行罢工，遭到葡萄牙国际及卫国警察（葡萄牙秘密政治警察，英文缩写为PIDE）的野蛮镇压，PIDE的"刽子手"悍然向罢工工人开火，当场杀害了50多人，史称"皮德吉吉蒂大屠杀"。

血腥的事实迫使几佛独立党领导层重新考虑斗争策略。1959年9月，卡布拉尔与几佛独立党的骨干成员在几内亚比绍举行会议，一致认为非暴力运动不会收到效果，"实现独立的唯一希望是武装斗争"。此次会议是一个重要的历史转折点，标志着葡属几内亚开始了长达13年（1961～1974年）的武装斗争。为了有效地开展武装斗争，1960年卡布拉尔访问中国，称赞中国革命和建设的成就，并向中国学习武装斗争的经验；之后，他又派遣副总书记和中央委员多人访问中国，还派了几批基层干部到中国交流与学习。访问中国后，卡布拉尔的斗争战略和策略明显受到毛泽东思想的影响。例如，在60年代初期，"卡布拉尔着重抓训练干部和发动农民的工作，为全面开展武装斗争打下了基础"；他还把政治工作看成反殖民武装斗争成败的关键。①

1961 年 4 月，卡布拉尔与莫桑比克、安哥拉、圣多美和普林西比等葡属殖民地的民族主义组织在摩洛哥开会，商定联合争取独立的共同目标。1963 年，卡布拉尔领导几内亚比绍人民开展了反对葡萄牙殖民统治的游击战争。经过将近 8 年的英勇战斗，几内亚比绍和佛得角非洲独立党已经控制了几内亚比绍全国 2/3 的土地，解放了全国 1/2 的人口。

1972 年 2 月，阿米卡尔·卡布拉尔在于亚的斯亚贝巴举行的泛非统一组织会议和同年 4 月在几内亚共和国首都科纳克里举行的联合国非殖民化委员会会议上要求联合国承认几佛独立党是几内亚比绍人民唯一的合法代表。同年 10 月，卡布拉尔向第 27 届联合国大会第四委员会提交了题为"葡属殖民地问题"的报告；与此同时，他继续领导武装斗争，争取全国解放。

1973 年 1 月 20 日，正当胜利在望的关键时刻，由于内奸和叛徒的阴谋策划，卡布拉尔在科纳克里的寓所遭到葡萄牙秘密警察的暗杀而身亡，年仅 49 岁。卡布拉尔遇害后，阿里斯蒂德·佩雷拉接替他党的总书记职务。在风起云涌的非洲独立浪潮的鼓舞下，1973 年 9 月 24 日，几内亚比绍共和国宣布独立。

1974 年 2 月 25 日，葡萄牙国内发生政变，推翻了法西斯政权。1974 年 12 月 19 日，里斯本的新政府与几佛独立党就佛得角的独立签署协议，决定成立一个由双方代表参加的六人过渡政府，并于 6 月 30 日举行议会选举。在如期举行的大选中，几佛独立党

---

① 参见林修坡《阿米卡尔·卡布拉尔的政治思想初探》，《西亚非洲》1989 年第 3 期。

获得92%的支持率。1975年7月5日，国民议会正式宣布佛得角独立，成立佛得角共和国，由几佛独立党执政，阿里斯蒂德·佩雷拉任总统，佩德罗·皮雷斯（Pedro Verona Rodrigues Pires）任政府总理。葡萄牙军队随即被迫从佛得角撤离。

第二节　佛得角共和国时期

独立后，佛得角共和国实行一党制和计划经济体制，几佛独立党为唯一的合法政党。1981年1月，几佛独立党解体。1990年，佛得角取消一党制，实行多党制。

一　一党制的佛得角共和国（1975～1991年）

对于独立后佛得角应该成为一个什么样的国家，阿米卡尔·卡布拉尔对此有过系统的阐述。阿米卡尔·卡布拉尔不仅是一位民族主义者，而且是一位马克思主义者，受到民族主义和马列主义的双重影响。从20世纪50年代末期起，卡布拉尔加强了和社会主义国家的联系，重视与苏联、古巴和中国发展关系，并积极寻求社会主义国家的支持和援助。1960年，他访问中国并开始向中国学习革命和建设的经验。1967年后苏联开始向几佛独立党提供经济和军事援助，并为其培训党政干部。

在卡布拉尔政治思想的影响下，佛得角共和国实行一党制，1980年宪法正式规定：由卡布拉尔等人所创立的几佛独立党为唯一合法政党；实行计划经济体制，制订国家发展计划，进行土地改革，建立国有企业；重视与社会主义国家的关系；支持不结盟政策等。

独立后，为了控制旱情的发展和减少旱灾造成的损失，佛得角不仅制定了关于农业问题的十条决议，决心振兴农业，开发地下水和充分利用现有的水利资源，扩大灌溉面积，还制订水土保持计划。截至 1980 年底，佛得角共修筑了 720 座小型水坝，扩大了水浇地面积，砌成近 20 千米长的梯田护墙。此外，政府还开展了植树造林运动，到 1980 年底，全国共植树 300 多万棵。

为了进一步发展农业生产，1981 年佛得角政府颁布了《土地法草案》，把几个大农场收归国有。1982 年，佛得角政府正式颁布《土地改革法》，规定 5 公顷以上未耕地由其所有者直接分配给农民耕种，并改革殖民统治时期的生产制度，实行国家、合作社、私人所有制并存的经济体制，还制订了第一个国家发展计划（1982 ~ 1985 年）。土地改革遭到了大庄园主和土地所有者的强烈反抗，在就土地改革进行讨论的政府会议上爆发了激烈冲突，导致 1 人死亡。尽管面临重重阻力，但佛得角政府仍于 1983 年启动土地改革，大片的土地在无地农民间进行再分配，同时对地主进行补偿。[①]

此外，政府还建立了国有企业，控制了对外贸易，在城市设立了公共供应公司，负责粮食等生活必需品的进口和分配，打击投机倒把活动；对外资企业和私营企业采取较为慎重的做法，实行入股和逐步限制的政策。

佛得角政府根据国情，合理地利用侨汇，引进先进技术，培养本国干部，努力发展农业、渔业、出口加工业、交通运输业和旅游业，取得了显著的成绩。[②] 在从 1968 年开始连续 10 余年遭受旱灾

---

① 独立之初佛得角政府采取的政策，参见孙跃楣《大西洋上的明珠——佛得角群岛掠影》，《西亚非洲》1984 年第 4 期。

② 参见孙跃楣《大西洋上的明珠——佛得角群岛掠影》，《西亚非洲》1984 年第 4 期。

的情况下，政府采取"以工代赈"的办法，兴办小型企业，一方面救济老年人，另一方面组织年轻人做工，安排 3 万多人就业，人民的生活逐步得到改善，政局逐步稳定下来。

本来几佛独立党是佛得角和几内亚比绍共同的执政党，其目标是把佛得角和几内亚比绍统一成一个国家。1977 年 11 月 14 日，几内亚比绍总理维埃拉（João Bernardo Vieira）借口经济管理不善和人权受到侵害发动军事政变，推翻了总统路易斯·卡布拉尔，驱逐党政军各部门中的佛得角籍官员。这一事件对两国的统一是一个沉重的打击。

1981 年 1 月 19 日，几佛独立党的佛得角分部召开了一次特别会议，决定改名为佛得角非洲独立党（Partido Africano da Independência de Cabo Verde，PAICV，以下简称"独立党"），总统阿里斯蒂德·佩雷拉被任命为佛得角非洲独立党总书记。这一决定标志着阿米卡尔·卡布拉尔所领导建立的几佛独立党不复存在，两个国家统一的梦想也随之破灭。

1985 年，佛得角举行第三次国民议会选举，从参加此次选举的 200 名候选人中选出 83 名议员组成新一届国民议会。1986 年，阿里斯蒂德·佩雷拉再次当选佛得角总统。总理仍然是佩德罗·皮雷斯，以他为领导的新政府于 1986 年 12 月向国民议会提交了第二个国家发展计划，强调深化管理、教育和土地改革。

20 世纪 90 年代初，苏联解体，冷战结束，非洲大陆掀起多党制和民主化浪潮。受到国内政治和国际形势的影响，佛得角一党执政的局面也逐渐发生变化。独立党逐步放松政治控制，开始推进民主化进程。对独立党执政持批评意见的有天主教会和富有的海外移民。他们于 1990 年 2 月成立了"争取民主运动"（Movemento Para

Democracia，MPD，以下简称"民运党"），发布了要求实行多党制的政治宣言。

1990 年 7 月，独立党召开第四次特别代表大会，通过了关于实行多党制的政治体制改革报告和关于部分修宪的基本政治方针等文件。根据这些文件，佛得角开始修改宪法，取消一党制，实行多党制。佩雷拉宣布在年底之前实行多党制，议会选举在多党制的基础上进行。此后，民运党立即登记为合法政党，卡洛斯·韦加（Carlos Veiga）被推选为党主席。民运党支持曾担任过最高法院法官的安东尼奥·蒙特罗（Antonio Manuel Mascarenhas Gomes Monteiro）作为候选人参加 1991 年举行的总统选举。

1991 年 1 月 13 日，韦加领导的民运党在全国议会大选中共赢得 79 个席位中的 56 个席位，独立党赢得 23 个席位，民运党以 56 票对 23 票赢得大选。1 月 25 日，韦加宣誓成为临时政府总理，并组成了一个过渡政府。在 1991 年 2 月 17 日的总统选举中，民运党支持的安东尼奥·蒙特罗取得决定性胜利，获得了 73.5% 的选票，佩雷拉落选。

新组成的国家议会宣布佛得角为多党制共和国，随即成立以卡洛斯·韦加为首的新政府。1991 年 4 月 4 日，新政府正式就职。此后，佛得角新政府用 1 年左右的时间进行人事和机构整顿，完成了地方政府的选举工作，制订并通过了新宪法和第三个国家发展计划，将国民议会更名为国家议会，和平地过渡到多党民主制。

二 多党制的佛得角共和国（1992 年至今）

在 1991 年 12 月 15 日的市政选举中，民运党同样大获全胜，至此，在中央和地方，多党制都取代了一党制。1992 年 9 月，佛得角通过了第二部宪法，这为多党制下的佛得角共和国奠定了法律基础。

1994 年 2 月，执政党民运党召开了一次紧急会议。会上，15 名党内高层人士在尤瑞科·蒙特罗博士（Dr Eurico Correia Monteiro）的率领下退出民运党，另组一个新的反对党民主集中党（Partido da Convergência Democrática，PCD）。由于执政党内部出现了严重的危机，于是佛得角非洲独立党要求提前举行大选。

1995 年 12 月，佛得角举行第二次国家议会选举，民运党获得 72 个议席中的 50 席①，继续执政，独立党获得 21 席，民主集中党获得 1 席，民运党主席韦加连任总理，组成新政府。1996 年 2 月，佛得角举行总统选举，蒙特罗以 80％的支持率蝉联总统。

2001 年 1 月 14 日，佛得角举行第三次国家议会选举，独立党赢得议会 72 席中的 40 席（得票率为 49.5％），民运党获得 30 席（得票率为 40.5％）。此外，民主集中党、劳动团结党（Partido de Trabalho e da Solidariedade，PTS）和佛得角民主独立联盟（União Cabo-verdiana Independência e Democrática，UCID）组成的政党联盟"民主变革联盟"（Aliança Democrática para a Mudança，ADM）赢得另外两个席位。1 月 30 日，佛得角组成由若泽·马里亚·佩雷斯·内韦斯（José Maria Pereira Neves）为总理的新政府，独立党重获执政地位。2 月，佛得角举行总统选举，独立党候选人佩德罗·皮雷斯当选总统。

独立党重新执政后，加大对国家行政管理、司法制度等的改革力度，实行地方分权，倡导良政、民主、廉洁，强调团结一切力量建设国家，并与其他各党派建立了对话机制，逐步完善司法、教育

---

① 1994 年，佛得角议会通过立法将国民议会的议席由原来的 79 席压缩为 72 席，并将议会的名称改为"国家议会"。具体参见本书第三章第五节的"立法机构"部分。

制度改革，同时努力提高政府施政效率，大力发展经济，改善民生。2003 年，佛得角政府继续推行改革，制订了国家优先发展计划（2002～2005 年），并为此积极筹措发展所需的资金。2004 年 3 月，佛得角举行市政选举，在全国 17 个县中，独立党和反对党民运党分别在 6 个县和 9 个县获胜。

2006 年 2 月 6 日，佛得角举行第四次国家议会选举。国家选举委员会宣布独立党在议会选举中获得胜利，赢得了 52.3% 的选票，获得议会 72 个席位中的 41 个席位；民运党赢得 44.0% 的选票，获得 29 个席位，另外两个席位被佛得角民主独立联盟获得。2 月底，佩雷斯再次当选总统。

2009 年 9 月，佛得角暴发登革热。这是该病首次在佛得角传播，佛得角面临历史上最严重的登革热疫情的考验。登革热集中暴发于人口最密集的岛——圣地亚哥岛，并扩散到福古岛、马尤岛和布拉瓦岛等邻近岛屿，平均每天新增登革热患者 700 余人，佛得角宣布进入紧急状态。[①] 直到 12 月中旬，疫情才基本得到控制。在此次疫情中，佛得角总共出现包括总理在内的 21000 个病例，其中 174 个病例出现出血热。

2009 年 11 月，独立党和民运党分别召开紧急会议，两党的主席内维斯和韦加联合提出了修改宪法的建议，提交给国家议会审批。建议提出了以下几个方面的内容：成立新的最高法院；授权警察对犯罪集团成员和与犯罪集团有联系的人发动夜袭；对跨国犯罪的佛得角人进行引渡；承认国际刑事法院。但两党仍未能在某些问

---

① 《佛得角总理罹患登革热》，新华网，http：//news. xinhuanet. com/world/2009 - 11/14/content_12457509. htm。

题上达成一致意见，如克里奥尔语是否应成为佛得角的第二官方语言等。2010 年 2 月 9 日，国家议会通过了宪法修正案。

2011 年 2 月 6 日，佛得角顺利举行第五次国家议会选举，选区由原来的 20 个减少至 13 个。13 个选区中，佛得角本土有 10 个选区，此外还分别在美国、欧洲以及其他海外地区设立了 3 个选区。最后独立党获胜，获得 52.7% 的支持率，在议会中占有 38 个议席；民运党则获得 42.3% 的支持率，在议会中占有 32 个议席，比 2006 年多出 3 个议席；佛得角民主独立联盟赢得 2 个议席。

2011 年 6 月，皮雷斯总统宣布于 8 月 7 日举行总统选举，由于已连任两届，根据宪法规定，他宣布不参加此次总统选举。总统选举主要在民运党支持的前外交事务部部长若热·卡洛斯·丰塞卡（Jorge Carlos Fonseca）和独立党支持的前基础设施部部长曼努埃尔·伊诺森西奥·索萨（Manuel Inocencio Sousa）之间展开角逐。此外，还有两位独立候选人：国会发言人阿里斯蒂德·利马（Aristides Lima）和解放战争时的老兵乔奎姆·蒙特罗（Joaquim Monteiro）。

2011 年 8 月 7 日，佛得角如期举行总统选举，丰塞卡当选新一届总统，佛得角历史上首次出现独立党政府和民运党总统"共治"的局面。

2013 年 3 月，内韦斯第三次当选独立党主席，并宣布将在总统选举、议会选举和地方选举前一年即 2015 年辞职。在从 2001 年起长达 10 多年的时间里，内韦斯一直担任独立党主席。2014 年 12 月，青年、就业和人力资源发展部部长阿尔马达接替他担任新一届党主席，以迎接 2016 年的大选。2013 年 6 月，佛

得角财政部前部长、普拉亚市市长乌利塞斯·科雷亚·席尔瓦（Ulisses Correia e Silva）接替卡洛斯·韦加担任新一届民运党主席，承诺将在2016年大选前进行党内改革，以加强选举工作。

2016年是佛得角的大选年，议会、地方政府和总统三大选举同时进行。2016年3月20日，佛得角举行第六次议会选举，民运党取得约53.5%的选票，赢得38席；独立党只取得37.5%的选票，赢得27席；佛得角民主独立联盟则取得6.8%的选票，赢得3席。民运党主席席尔瓦出任政府总理，这是时隔15年后该党再次成为议会第一大党。

2016年10月2日，佛得角进行了总统选举，丰塞卡再次当选。

第三节　著名历史人物

佛得角著名的历史人物有几佛独立党的创始人、前总书记阿米卡尔·洛佩斯·卡布拉尔和佛得角前总统阿里斯蒂德·马里奥·佩雷拉。

一　阿米卡尔·洛佩斯·卡布拉尔（1924～1973年）

几佛独立党的创始人、前总书记，也是两国民族解放运动杰出的领袖及国家独立的奠基人。

他于1924年9月12日出生于几内亚比绍巴法塔市；60年代在几内亚比绍发动了争取民族独立的武装斗争；至70年代初，他所领导的反殖民武装力量解放了几内亚比绍的广大农村，控制了几内亚比绍全国2/3的国土，取得了战场上的主动权；1973年1月20日，遭葡萄牙特务暗杀，不幸牺牲。卡布拉尔是当代非洲杰出的民族运动领袖之一，是坚强的反帝反殖战士，被人们誉为非洲"反帝斗争的理论家"。卡布拉尔深受马克思主义的影响，但他并不是一个真正的马克思主义者。在 20 多年从事民族解放斗争的生涯中，卡布拉尔发表了许多有关反帝反殖和社会历史方面的演说、声明，草拟了许多文告、宣言及备忘录等。他的思想和革命实践受到许多国家的学者和政治界人士的重视。英国著名学者巴兹尔·戴维逊（Basil Davidson）称赞卡布拉尔为"当代伟大的人物之一"和"葡语非洲最杰出的革命思想家"。美国学者罗伯特·布拉凯（Robert Boracay）把卡布拉尔称为"当代非洲最重要、最有影响力的革命理论家"之一。为了纪念这位革命先驱，几内亚比绍和佛得角都将他的生日（9 月 12 日）定为本国的国庆日。①

二　阿里斯蒂德·马里奥·佩雷拉（1923~2011 年）

佛得角前总统。1923 年 11 月 17 日出生于博阿维斯塔岛的一个神甫家庭；1956 年与阿米卡尔·卡布拉尔共同创建几佛独立党；1964~1973 年任几佛独立党副总书记；1965 年当选战争委员会委员；1970 年任斗争执行委员会常委，负责安全、管理与外事工作；1973 年几佛独立党总书记阿米卡尔·卡布拉尔被害后，接任总书记职务；1975 年 7 月佛得角独立后当选总统，并于 1981 年、1986 年连任；1991 年 2 月独立党在总统选举中失利后卸去总统职务。佩雷拉曾于 1964 年 9 月和 1982 年 5 月访问中国。2011 年 9 月 22 日，这位佛得角独立后的首任总统在葡萄牙中部城市科英布拉大学医院因病去世。

---

① 林修坡：《试析阿米卡尔·卡布拉尔的政治思想》，《西亚非洲》1989 年第 3 期。

第三章

政治与军事

自 1975 年独立以来，佛得角在政体上经历了一党制的议会共和制和多党制的议会共和制两个阶段，并长期实行一院制。目前，佛得角是一个半总统代议制民主共和国（semi-presidential representative democratic republic），实行多党制和三权分立；政府拥有行政权，政府和国家议会共同拥有立法权，司法权独立于行政权和立法权。

第一节　国体与政体

从 1975 年独立到 1991 年，佛得角实行的是一党制的议会共和制。根据 1980 年宪法的规定，佛得角最高权力属于人民，由人民直接或通过民主选举产生的政权机关行使政治权力；唯一合法的政党是几佛独立党，它是国家和社会的领导力量；共和国总统是国家元首和人民革命武装部队最高司令，由全国人民议会的议员选举产生，对议会负责；全国人民议会是共和国最高权力机构，议员须经几内亚比绍和佛得角非洲独立党提名，由普选产生；政府由总理、各部部长和国务秘书组成，是全国最高行政机关，向总统及议会负责；总理是政府首脑，由议会提名，总统任命；各部部长由总理提名，由总统任命。根据上述规定，20 世纪 80 年代佛得角只有一个合法政党，总统作为国家元首，不能兼任政府首脑，总统与政府均向议会负责。

20 世纪 90 年代初，佛得角实行多党制，推进民主化进程。1990 年 9 月，议会通过宪法修正案，取消"佛得角非洲独立党为人民利益的最高代表，是国家和社会的领导力量"的条款。1991～2000 年，佛得角先后举行过两届议会和总统选举，新成立的民运党获胜，成为执政党。在 2001 年、2006 年的议会选举和总统选举中，独立党获胜，再次上台执政。在 2011 年议会选举中，独立党获胜；在同年举行的总统选举中，民运党支持的候选人获胜，从而出现了独立党政府和民运党总统"共治"的局面。在 2016 年的议会选举中，民运党赢得 38 席，独立党赢得 27 席，佛得角民主独立联盟赢得 3 席。时隔 15 年，民运党再次成为议会第一大党。

相比于其他非洲国家，独立后的佛得角政局稳定，政治清明，未发生过重大政治冲突。在 2016 年世界各国民主指数排名中，佛得角排在第 23 位，被认定为世界上最民主的国家之一。①

第二节　宪法

1975 年独立后，佛得角共实施过两部宪法。

第一部宪法于 1980 年 9 月 5 日通过，于 1981 年 2 月 12 日生效。

---

① 《佛得角 2016 年民主指数高居葡语国家首位和非洲国家第二位》，中华人民共和国驻佛得角共和国大使馆经济商务参赞处网站，2017 年 5 月 5 日，http：//cv. mofcom. gov. cn/article/jmxw/201702/20170202509970. shtml。

该宪法规定，佛得角是一个民主、统一、世俗、反帝反殖的主权国家，唯一合法的政党是几佛独立党，该党是国家和社会的领导力量。1980 年宪法经过数次修改，其中最重要的是 1990 年 9 月的修正案，该修正案取消了"佛得角非洲独立党为人民利益的最高代表，是国家和社会的领导力量"的条款，标志着该国从一党制过渡到多党制。

现行的宪法于 1992 年 8 月经国家议会通过，自 9 月 25 日起实施，并分别于 1995 年、1999 年和 2010 年被修订。新宪法规定佛得角是一个民主法治的主权国家，实行多元民主和温和议会制，承认人权的不可侵犯，承认并尊重人民的基本权利和自由，承认法律面前人人平等。新宪法第 69 条规定保护私人财产，并保障在征收和征用的条件下提供补偿。1999 年宪法修正案授予总统解散议会的权力。2010 年宪法修正案的内容主要有以下几个方面：成立新的最高法院；对进行国际犯罪的佛得角人进行引渡；承认国际刑事法院等。

佛得角共和国宪法除前言外共有 7 大部分，共 322 款。第一部分是基本原则，规定国家的性质、国体、政体、国旗、国徽、国歌以及涉及国际法和国际关系的重要原则；第二部分是公民的权利和义务；第三部分规定经济、金融和财政组织，其中又分为经济系统和金融与财政系统两个部分；第四、第五部分规定政治体制以及权力的分配和运行；第六部分规定宪法的修改和保障；第七部分规定宪法最终与暂时的适用条件。

第三节　选举制度

佛得角有三次重要的选举：总统选举、议会选举和地方选举。

一 总统选举

总统由全国人民直接选举产生，总统候选人在选举中获得 2/3 以上选票方可当选，若选举中没有一位候选人获得额定的 2/3 以上选票，则举行第二轮选举，即 21 天内从第一轮选举中获得最多票的两位候选人中选出 1 人任总统。总统任期为 5 年，可连选连任一次。宪法还规定，总统在第二届任期结束后 5 年内不具备候选人资格；若总统主动辞职放弃职务，放弃之日后的 10 年内不得参加总统竞选；若总统主动离职，或者违反相关规定擅自离开佛得角领土，则不得再次参选总统，也不许其担任其他政治职务或地方行政职务。

二 议会选举

佛得角议会中的议席经历过几次调整，2016 年议会选举结果显示，国家议会议席从此前的 72 席减至 68 席，其中 6 个席位是留给海外的佛得角移民的。议员名额按选区分配，由选民直接投票选出。在议员中选出议长 1 人，副议长若干人，并选出各委员会。由议长、副议长组成的主席团是议会最高领导机构。议员可根据所属党派组成议员团，无党派议员组成议员组或与其他议员团合作。[①]宪法第 154 条规定，在上一届议会组成后 4 年 11 个月至 5 年零 15 天之间举行新一届议会选举。[②]

---

① 《对外投资合作国别（地区）指南·佛得角》（2012 年版）http：//fec. mofcom. gov. cn/article/gbdqzn/。
② 由于佛得角经历了一党制和多党制的变革，因此议会的选举制度也有所变化，为避免内容重复，佛得角议会的选举制度将结合本章第五节"立法机构与司法机构"部分进行介绍。

三 地方选举

佛得角现设 22 个县，因而有 22 个地方政府委员会，皆由普选产生，任期 5 年，县以下设区和村。在 2012 年 7 月 1 日进行的地方选举中，民运党在全国 22 个县中的 13 个县获胜，比此前的 12 个县又增加了 1 个县，独立党控制的县的数量则由原来的 10 个减至 8 个，在萨尔县的选举中民运党支持的无党派人士若热·斐圭都（Jorge Figueiredo）获胜。在 2016 年 9 月进行的新一届地方选举中，独立党落败，民运党获胜。

第四节 政府机构

一 国家元首

佛得角宪法规定，总统是国家元首和人民武装部队最高统帅。佛得角总统是国家统一、领土完整和国家独立的保证者（Warrantor），在国际上代表共和国，任期 5 年，从就职日开始，到下一任总统就职日止。新总统在前任总统任期的最后一天就职，当总统空缺时，新总统应在选举结果公布后第 5 天就职。总统就职时应宣誓，誓词如下：

我谨庄严宣誓，我将忠实执行佛得角总统职务，捍卫、恪守和维护宪法，遵守法律，保障领土完整和民族独立。

I swear, on my honor, to carry out faithfully the function of the President of the Republic of Cape Verde in which I am now invested, to defend, comply, and to make comply with the Constitution, to observe the laws and to guarantee the territorial integrity and national independence.

佛得角历任总统情况如表 3 - 1 所示。

佛得角宪法规定，总统有很大权力，具体表现为：有权解散议会，有权确定总统选举和议员选举日期，可召集全民投票并确定投票时间，任命总理和最高法院首席法官；对任一行政行为在其通过后的 30 天内可行使否决权（to exercise the right of political veto within thirty days from the date of the reception of any act for promulgation），并发回原部门重审；公布和命令公布法律、法令和监管条例，签发法律和法令文件；与政府磋商并在议会授权的基础上宣布戒严或紧急状态等。

表 3 - 1　佛得角历任总统

序号	姓名	在任时间	所属党派
1	阿里斯蒂德·马里奥·佩雷拉	1975 年 7 月 8 日 ~ 1991 年 3 月 22 日	独立党
2	安东尼奥·马斯卡雷尼亚什·蒙特罗	1991 年 3 月 22 日 ~ 2001 年 3 月 22 日	民运党
3	佩德罗·皮雷斯	2001 年 3 月 22 日 ~ 2011 年 9 月 9 日	独立党
4	豪尔赫·卡洛斯·丰塞卡	2011 年 9 月 9 日至今	民运党

资料来源：作者整理。

与此同时，佛得角总统也受到宪法的诸多制约。宪法规定：总统在任期内不能担任任何其他政治职务，或者执行任何其他公共职能，也不能在任何情况下担任私人职务；未经议会同意，或议会休

会期间未经常务委员会同意,总统不能擅自离开佛得角领土;非官方性旅游不得超过 15 天,类似旅游可不须经议会同意,但是应首先告知议会,若未能遵守以上规定,其总统职务将被解除;总统出国不在国内以及总统职务空缺而新总统尚未就职时,由议会议长暂代总统行使总统职权,如果议会议长临时不能代行总统职权,则由议会第一副议长暂代总统职务;总统在任期内所犯罪行由最高法院判决,在 25 名议员提议、2/3 议员同意的基础上,议会有权要求总检察官对总统提起有罪诉讼,若罪名成立,判决宣布之日总统则即行结束任期,迅速离职,不可再参选;任期结束后,总统对其职务之外的犯罪行为应接受低级法院的审判。

二 政府总理

政府是国家最高行政机构。最高行政机构的首脑是总理。总理一般由议会中取得多数席位的政党党首担任。总理产生的程序是:由赢得议会选举的执政党或执政党联盟提名,由总统任命。各部部长由总理提名,由总统任命。总理和各部部长对总统和议会负责。佛得角政府历任总理情况见表 3-2。

表 3-2 佛得角政府历任总理

序号	姓名	在任时间	所属党派
1	佩德罗·皮雷斯	1975 年 7 月 8 日 ~ 1991 年 4 月 4 日	独立党
2	卡洛斯·韦加	1991 年 4 月 4 日 ~ 2000 年 7 月 29 日	民运党
3	瓜尔贝托·多·罗萨里奥 (Gualberto do Rosário) *	2000 年 7 月 29 日 ~ 2001 年 2 月 1 日	民运党

续表

序号	姓名	在任时间	所属党派
4	若泽·马里亚·内韦斯	2001 年 2 月 1 日 ~ 2016 年 4 月 22 日	独立党
5	乌利塞斯·科雷亚·席尔瓦	2016 年 4 月 22 日至今	民运党

　　* 由于韦加总理决定参加 2001 年 2 月的总统大选，因此于 2002 年 7 月辞去了党主席的职务，由瓜尔贝托·多·罗萨里奥继任党主席和总理职务。

　　资料来源：作者整理。

　　三　部长委员会

　　部长委员会（Council of Ministers）由总理、各部部长和国务秘书组成，是全国最高执行机关，对总统和议会负责。

　　佛得角政府由 17 个部组成，它们分别是国家改革部，卫生部，财政和计划部，外交部，国防部，议会事务部，内政部，司法部，基础设施和海洋经济部，环境、住房和土地规划部，旅游、投资和工业发展部，青年、就业和人力资源发展部，教育和体育部，农村发展部，高等教育、科学和创新部，侨民部，文化部。

　　每次议会选举后都将组建新政府，佛得角前一届政府于 2011 年 3 月 21 日组成，并分别于 2012 年 4 月、2014 年 9 月进行过两次小幅调整。新一届政府于 2016 年 3 月议会选举后产生，总理为民运党的席尔瓦，4 月 22 日，佛得角新政府在首都普拉亚市的总统府举行就职仪式。

第五节　立法机构与司法机构

　　议会为佛得角的立法机关，掌握着国家最高权力。由于受到政

治转型的影响，1975～1991 年佛得角议会被称为国民议会，1991年改称国家议会。佛得角法院和检察院为司法机构，法院分为最高法院、地区法院和分区法院三级，检察院也分为三级。

一　立法机构

（一）议会简史

1. 独立前的议会（1973～1975 年）

1972 年 5 月 2 日，葡萄牙国家议会（Portuguese National Assembly）通过了《海外领土组织法》（*Organic Law for the Overseas Territories*）。该法案给予殖民地更大的自主性，规定佛得角成立一个共有 21 个席位的立法会；立法会议员候选人必须是生活在佛得角、居住满 3 年的葡萄牙公民，选民必须是能识字、会读写葡萄牙文的佛得角人。

1973 年 3 月，葡属佛得角进行立法会选举，这是葡属佛得角的首次也是最后一次立法会选举。由于当时葡萄牙宪法禁止政党存在，因此虽然也允许某些国内社团提名候选人，但绝大多数候选人都由葡萄牙执政党"全国人民行动"（People's National Action）提名。全国 272071 人中只有 25521 人登记参加了投票，实际上最后只有 20942 人投票，投票人数不及全国人口的 10%。

2. 国民议会（1975～1991 年）

1975 年 6 月 30 日，根据葡萄牙政府与几佛独立党就佛得角独立签署的协议，佛得角第一届国民议会选举如期举行，为 7 月 5 日的独立做准备。此时议会共有 56 个席位。由于实行一党制，因此议员都必须是几佛独立党的党员。几佛独立党提供了列有 56 名成员的名单，要求选民选择同意或者拒绝。共有 105503 名选民登记，投票率为 86.7%，其中 100835 张选票支持该名单，支持率高达 95.6%。1975 年 7 月 5 日佛得角独立时，国民议会选举几佛独立党总书记佩雷拉为总统。[①]

1980 年 12 月 7 日，国民议会进行第二次选举，议会议席增加至 63 席。几佛独立党提供了 63 名候选人和 3 名候选议员的选举名单，由选民投票决定是否通过。在这次选举中，151875 名选民参加了投票，投票率为 75%，其中支持票为 141244 张，反对票为 10631 张，支持率高达 93%。1981 年 2 月 12 日，佩雷拉再次在无竞争对手的情况下当选总统。同一年，几佛独立党佛得角分部改名为佛得角非洲独立党，与几内亚比绍的独立党分部脱离关系。

佛得角国民议会第三次选举于 1985 年 12 月 7 日举行，议会席位增加至 83 席。由独立党提供候选人名单，参加投票的选民有 98792 人，投票率为 68.9%，其中支持票 92865 张，反对票 5927 张，分别占 94% 和 6%。[②]

3. 国家议会（1991 年至今）

实行多党制后，佛得角国民议会更名为国家议会。1991 年 1 月 13 日，佛得角进行第一次多党制国家议会选举，民运党以绝对优势击败原执政党独立党，赢得了 79 个席位中的 56 席，独立党赢得 23 席，这次选举被认为是透明的、自由的和公正的。

---

① Dieter Nohlen, Michael Krennerich and Bernhard Thibaut, eds., *Elections in Africa: A Data Handbook* (Oxford University Press, 1999), p. 195.

② Dieter Nohlen, Michael Krennerich and Bernhard Thibaut, eds., *Elections in Africa: A Data Handbook* (Oxford University Press, 1999), p. 198.

1995 年 12 月 17 日，国家议会进行第二次选举，席位由 79 席减少至 72 席。民运党赢得 50 席，独立党赢得 21 席，民主集中党赢得 1 席。

2001 年 1 月 14 日，国家议会举行第三次选举。在这次选举中，有四个政党和一个政党联盟参与竞选，分别是独立党、民运党、民主革新党（Democratic Renewal Party，PRD）、社会民主党（Social Democratic Party，PSD）。另外三个党——民主集中党、佛得角民主独立联盟、劳动团结党组成政党联盟"民主变革联盟"。最后独立党赢得 40 个席位，民运党赢得 30 个席位，"民主变革联盟"赢得 2 个席位，此次当选的议员中有 8 名是女性。

2006 年 1 月 22 日，佛得角举行第四次国家议会选举，独立党赢得 41 个席位，民运党赢得 29 个席位，佛得角民主独立联盟赢得 2 个席位。

2011 年 2 月 6 日，佛得角举行第五次国家议会选举，独立党获得 72 个议席中的 38 席，民运党获得 32 席，佛得角民主独立联盟－基督教民主党获得 2 席。[1] 在官方尚未公布结果之前，民运党主席韦加代表民运党宣布并承认选举失败。反对党能够在官方结果公布之前迅速承认失败并接受失败的结果，标志着在佛得角民主已深入民心。[2]

2016 年 3 月 20 日，佛得角举行第六次国家议会选举，民运党获得 53.5% 的支持率，赢得 38 席；独立党获得 37.5% 的支持率，赢得 27 席；佛得角民主独立联盟获得 6.8% 的支持率，赢

---

[1] 参见 African Elections Database，http：//african elections tripod. com/cv. html。

[2] "Cape Verde Opposition Concedes Election Defeat," http：//af. reuters. com/article/capeVerdeNews/idAFLDE7160UT20110207.

得 3 席。

（二）议会的地位与职权

议会是佛得角的立法机关，掌握国家最高权力，决定国家内外政策等重大问题，组织和监督执政党实施制定的政治、经济、社会、文化、国防和安全政策，主要职能有：修改宪法，制定法律，监督宪法和法律的实施，通过国家总预算及国家发展计划，批准政令，批准国际条约，组织全民公决，决定大赦，审议并通过政府的施政纲领、发展计划和预算。本届议会于 2016 年 3 月选举产生，任期 5 年，至 2021 年届满。

议会的决策机构是议员全体会议。每年除 8 月、9 月休会外，其余月份每月举行一次全会，会期 10～15 天，主要审议国家重大事项和制定有关法令。议会常设机构为议长办公室、主席团、常务委员会和管理委员会。此外，还设有司法、人权和新闻事务特别委员会，财政和预算特别委员会，经济、环境和土地规划特别委员会，对外关系、合作和侨务特别委员会，国家改革和安全特别委员会，卫生和社会问题特别委员会，教育、文化、青年和体育特别委员会共 7 个特别事务委员会，以及议会服务局、文献资料局、行政财务局、外事和公共关系办公室等。①

根据议会组织法规定，各党派应至少拥有 5 个席位才能组成议会党团。本届议会共有 2 个议会党团，分别为独立党议会党团和民运党议会党团。

佛得角议会外交较为活跃，积极参与国际事务。从第 86 届各国议

---

① 《佛得角议会》，全国人民代表大会网站，http：//www.npc.gov.cn/npc/xinwen/2011－05/23/content_1656597.htm。

会联盟大会（Inter-Parliamentary Union，IPU）开始，佛得角国家议会一直组团与会，是各国议会联盟、非洲议会联盟、西非国家经济共同体议会、葡语国家议会秘书长联合会的成员。此外，佛得角国家议会还与南非、安哥拉、巴西、中国、科特迪瓦、古巴、俄罗斯、法国、几内亚比绍、科威特、马里、莫桑比克、尼日尔、葡萄牙、德国、圣多美和普林西比、塞内加尔17国的议会成立了议会友好小组。

从1997年开始，佛得角国家议会中出现女议员席位。1997～2005年妇女席位所占比例为11.1%，2006年为15.3%，2007～2010年为18.1%，2011年后为20.8%。[①]

二 司法机构

佛得角的法院分为最高法院、地区法院和分区法院三级。最高法院院长由总统任免，现任最高法院院长阿尔灵多·梅迪纳（Arlindo Medina）于2009年2月就职。

检察院也分为三级。总检察长由总统任免，前任总检察长儒里奥·马丁斯·塔瓦雷斯（Júlio Martins Tavares）于2008年9月就职，现任总检察长奥斯卡·塔瓦雷斯（Óscar Tavares）于2014年5月就职。

第六节 主要政党和社团组织

佛得角实行多党制，目前有多个政党存在，但独立党和民运党这两个政党在佛得角的政治生活中居于主导地位。佛得角的主要社会团体有5个，分别是佛得角全国工人联合会－中央工会、社会民

---

① 世界银行数据库，http：//data. wordbank. org. cn/。

主青年联盟、佛得角妇女组织、佛得角团结协会和佛得角对外友好团结协会。

一　主要政党

（一）独立党

1956 年 9 月成立，前身为几佛独立党。1956 年，几佛独立党在佛得角民族主义者阿米卡尔·卡布拉尔领导下创立。几佛独立党致力于推翻葡萄牙的殖民统治，统一佛得角和几内亚比绍，推进社会主义革命。从 1961 年起，几佛独立党开始进行游击战。1973 年，几佛独立党控制了几内亚比绍，次年几内亚比绍独立。1974 年，葡萄牙爆发"康乃馨革命"（Carnation Revolution），葡萄牙帝国解体。第二年（1975 年），佛得角赢得独立。民族解放战争结束后，几佛独立党在阿米卡尔的弟弟路易斯·卡布拉尔（Luís Cabral）的领导下在几内亚比绍和佛得角成立了"社会主义国家"，几佛独立党同时成为佛得角和几内亚比绍唯一的合法政党。

1980 年，几内亚比绍发生军事政变，路易斯·卡布拉尔被流放。1981 年，几佛独立党佛得角分部分离出来成立了佛得角非洲独立党，由佛得角总统阿里斯蒂德·佩雷拉担任党的总书记。

1990 年佛得角实行多党制以前，独立党是佛得角共和国唯一合法的政党，长期执政。1991 年大选失败后，独立党成为在野党。2001 年独立党在议会选举中获胜，重新成为执政党。独立党在2006 年和 2011 年议会选举中连续获胜。重新执政后，独立党主张推进民主进程，建立社会正义。2014 年 12 月，青年、就业和人力资源发展部部长阿尔马达接替现任总理内韦斯当选新一届党主席，

现任总书记为若昂·多·卡尔莫（João do Carmo）。

独立党以前自称是社会主义政党，现在自称是社会民主党，1992 年加入社会党国际（Socialist International, SI）。现有党员 1.1 万余人。

（二）民运党

1990 年 3 月 14 日成立，1991~2000 年执政。现有党员 3 万余人。宗旨是以民主方式发展国家，主张政治多元化和经济私有化，推行市场经济和贸易自由化，在民主的基础上同其他国家的政党建立联系。2003 年 6 月，民运党加入中间派民主国际（Centrist Democrat International, CDI）。2011 年 8 月，民运党候选人丰塞卡当选总统。2013 年 6 月，普拉亚市市长乌利塞斯·科雷亚·席尔瓦接替韦加当选新一届党主席。在 2016 年议会选举中，席尔瓦领导的民运党获胜，成为执政党。

民运党是中右翼政党，支持自由贸易和自由经济政策，支持与世界贸易组织和西非国家经济共同体等国际组织的合作。

（三）佛得角民主独立联盟

中右翼保守政党。1978 年 5 月成立于荷兰鹿特丹，主要在侨民中活动，其宗旨是为建立一个自由和民主的社会而奋斗。在 2001 年 1 月 14 日举行的选举中，该党是"民主变革联盟"的参加党之一。"民主变革联盟"赢得了 6.12% 的选票，并在国家议会中获得 2 个席位，其推举的总统候选人丰塞卡在 2001 年 2 月举行的总统选举中赢得 3.9% 的支持率。在 2006 年举行的国家议会选举中，佛得角民主独立联盟赢得 2.64% 的选票，并在国家议会中赢得 2 个席位。

2001 年 7 月，佛得角民主独立联盟更名为佛得角民主独立联

盟－基督教民主党，在 2011 年第五次国家议会选举中赢得 2 个席位，在 2016 年议会选举中赢得 3 个席位。

（四）民主集中党

中间党派。1994 年从民运党中分离出来，在 1995 年的议会选举中赢得 6.7% 的选票，在国家议会中获得 1 个席位。在 2001 年 1 月 14 日举行的选举中，该党是"民主变革联盟"的参加党之一。

（五）劳动团结党

圣维森特岛上的政党。1998 年 11 月由西尔韦拉（Onésimo Silveira）创立，现任领导者是阿尼巴尔·米蒂娜（Aníbal Medina）。在 2001 年的议会选举中，该党是"民主变革联盟"的参加党之一。在 2004 年举行的市委员会选举中，该党在圣维森特岛赢得 2472 张选票，获得 11.3% 的支持率，获得 1 个委员席位；在市议会选举中，该党赢得 2367 张选票，占 10.82%，获得 21 个席位中的 2 席。

（六）其他政党

此外，还有其他一些小政党，如中间党派民主革新党、劳动团结党、社会民主党、人民党（People's Party）等，它们迄今未能在国家议会中占据席位。

二　社会团体组织

佛得角的主要团体有 5 个，分别是佛得角全国工人联合会－中央工会、社会民主青年联盟、佛得角妇女组织、佛得角团结协会和佛得角对外友好团结协会。

佛得角全国工人联合会－中央工会创建于 1964 年，当时称"全国商业职业和同业工会"，1978 年 9 月改为现在的名称。该组织成立之初的纲领是"落实佛得角非洲独立党的最高纲领，执行党最高领导机构的方针，维护劳动者权益，提高劳动者的思想觉悟和素质，使其积极参与国家建设"。1987 年 4 月，该组织召开了第一次全国代表大会，通过了工会章程和行动纲领。

目前，佛得角的工会组织由自由工会联合会（CCSL）和佛得角劳动者联盟 – 中央工会（UNTC – CS）构成。总部位于普拉亚的佛得角自由工会联合会，拥有成员近 1.9 万人，其中 0.3 万人为退休人员；总部位于普拉亚的佛得角劳动者联盟——中央工会，拥有会员 3 万人。

CCSL 和 UNTC – CS 都是国际劳工组织成员，同时还是工会联盟和国际自由工会联盟成员。在佛得角的社会对话基本机制中，CCSL 和 UNTC – CS 在由政府、雇主和劳工组成的社会经济事务三方委员会中代表劳工并为其争取利益。在佛得角，工会力量强大，工会组织遍及全国，对国家政治、经济和社会运行产生重要影响。佛得角企业的产权改革和外资并购中比较关注企业职工的利益。[1]

社会民主青年联盟于 1974 年 9 月 12 日在几内亚比绍成立，原名为阿·卡布拉尔青年组织，1981 年改名为佛得角阿·卡布拉尔非洲青年组织，1986 年有成员 1 万人。该组织的纲领是接受独立党的领导，任务是以独立党的政治思想和路线教育青年。1991 年后改用现在的名称。

佛得角妇女组织于 1981 年 3 月 21 日成立，1986 年其成员达到 1 万人。该组织的纲领是维护妇女权益，建立一个进步、公正和没

---

[1]　《对外投资合作国别（地区）指南·佛得角》（2012 年版），http：//fec. mofcom. gov. cn/article/gbdqzn/。

有剥削的社会。

佛得角团结协会于 1974 年 11 月 12 日成立，负责管理和使用国际上非政府组织向佛得角提供的援助，保护妇女儿童和贫困公民的权益。

佛得角对外友好团结协会于 1985 年 7 月 25 日成立，是一个民间外交组织，负责联络佛得角海外侨民等事务。

这些主要的非政府组织是佛得角政治和社会生活的一个组成部分，对政府在制定政策方面有较大影响力。

第七节　著名政治人物①

独立以来，佛得角著名的政治人物有 2001～2011 年担任总统的佩德罗·皮雷斯、2011～2016 年担任总统的丰塞卡和 2001～2016 年担任总理的内韦斯。

一　佩德罗·皮雷斯（1934 年至今）

佛得角前总统，社会主义者。1934 年 4 月 29 日生于佛得角福古岛圣菲利佩市；1956 年高中毕业后考入葡萄牙里斯本大学，并参加佛得角旅葡民族主义地下组织活动；1961 年加入几佛独立党，1963 年参加佛得角民族解放活动；1964 年当选几佛独立党中央委员，任旅欧佛得角侨民的政治工作负责人；1966～1968 年担任佛得角民族解放组织的政治和军事负责人；1967 年任几佛独立党政治局委员和斗争委员会委员；1970 年当选斗争执行委员会委员；

---

① 人物简介资料来源于中华人民共和国驻佛得角共和国大使馆网站，http://cv.china-embassy.org/chn/fdjgk/t949819.htm。

1972 年出任几内亚比绍武装部队副部长和几内亚比绍共和国第一届政府助理国务委员；1973～1980 年任几佛独立党佛得角全国委员会主席；1975 年 7 月佛得角独立后出任佛得角政府第一任总理，直到 1991 年独立党在佛得角第一次多党选举中败选；2001 年 3 月 8 日作为独立党候选人在大选中获胜，当选总统，22 日宣誓就职，接替卸任的蒙特罗；2011 年 8 月卸任总统职务，并于 2011 年 10 月荣获"非洲领袖成就奖"。

二　若热·卡洛斯·丰塞卡（1950 年至今）

2011～2016 年担任总统。1950 年 10 月 20 日出生于圣维森特岛的明德卢市。里斯本古典大学法学学士，里斯本法学院私法学硕士。著有十多部法律专著，其中多部在国外出版发行。丰塞卡 17 岁时参加了由几佛独立党领导的民族独立战争。佛得角独立后，1975～1977 年任移民总局局长，1977～1979 年任外交部秘书长，1980 年成立克里奥尔争取民主党，1982 年成立佛得角全国人权联盟，1982～1990 年在里斯本法学院、里斯本法医学院和澳门东亚大学任教。丰塞卡是佛得角争取民主运动（民运党）的创始人之一。1991 年，佛得角结束一党制，实行多党制，民运党赢得议会选举上台执政，丰塞卡出任外交部部长。1993 年，他辞去外长职务，并于 1998 年退出民运党。2001 年，他以独立身份参选总统失败后退出政坛，从事教学和法律咨询工作，任佛得角司法和社会科学高等学院院长。2011 年 8 月，他作为民运党候选人在总统选举中胜出，并于 9 月 9 日宣誓就职。

三　若泽·马里亚·佩雷拉·内韦斯（1960 年至今）

2001～2016 年担任总理。他于 1960 年 3 月 28 日出生于圣塔卡塔里纳市；1986 年毕业于巴西圣保罗企业管理学院，获学士学位；回国后曾担任政府及多家企业和国际组织的行政管理顾问，并任教于高等教育学院；1991～1997 年担任独立党政治局委员，1993～1995 年任独立党外事书记，2000 年 6 月当选独立党主席，同年当选圣塔卡塔里纳市市长；2001 年 2 月就任总理，并于 2006 年、2011 年两次连任；曾于 2004 年 8 月访华；2006 年 11 月来华出席中非合作论坛北京峰会。

第八节　军事

一　概述

佛得角军队创建于 1967 年 1 月 15 日，原称"人民革命武装部队"，实行多党制后更名为"佛得角人民革命武装力量"（People's Revolutionary Armed Forces）。总统是武装力量最高统帅。

政府设国防部，下辖总参谋部，总参谋长由总统根据政府的建议任免。现任总参谋长阿尔贝托·卡洛斯·巴尔博萨·费尔南德斯（Alberto Carlos Barbosa Fernandes）于 2011 年 12 月就职，于 2013 年 2 月被授予少将军衔。

佛得角实行义务兵役制，服役期是 14 个月，服役年龄为 20～35 岁。

佛得角军队系独立后由原几内亚比绍和佛得角民族解放武装力量中的佛得角籍官兵组成。2010 年以来，佛得角总兵力约为 1200 人，分为国民卫队和海岸卫队两大军种，各自拥有空中力量。国民卫队下辖宪兵队、海军陆战队和步兵营，其中陆军约 1000 人，空

军约 100 人，海岸警卫队约 100 人。1990～2012 年，佛得角武装部
队人员占劳动力总数的百分比从 0.879% 下降至 0.516%，这主要是
由人口增加导致的（见表 3－3）。全国分为三个军区，士兵驻守在
圣维森特岛、萨尔岛和圣地亚哥岛，以保卫国际机场和首都。此外，
佛得角还有 800 名警察，他们归内政部管理，由地方市政委员会组
织，负责维持公共秩序。

表 3－3　1990～2012 年佛得角武装部队人员占劳动力总数的百分比

单位：%

年份	1990	1994	1998	2002	2004	2010	2012	2013	2014
比例	0.879	0.775	0.759	0.700	0.540	0.541	0.516	0.503	0.492

资料来源：世界银行数据库，http：//data. worldbank. org. cn/。

佛得角的军费开支不断增加，从 1992 年的 2.42 亿埃斯库多上
升至 2011 年的 7.7 亿埃斯库多，占 GDP 的比重介于 0.4%～0.8%
（见表 3－4）。

表 3－4　2005～2011 年佛得角军费支出

单位：亿埃斯库多，%

年份	2005	2006	2007	2008	2009	2010	2011	2012	2013	2014	2015
军费总额	6.1	6.1	6.4	6.5	6.7	6.9	7.7	8.4	8.2	8.4	8.9
军费支出占中央政府支出百分比	2.6	2.3	2.3	2.3	2.5	2.5	2.3	N	N	N	N
军费支出占GDP百分比	0.729	0.63	0.525	0.601	0.491	0.495	0.523	0.556	0.53	0.534	0.557

注：N 表示该年无数据。

资料来源：世界银行数据库，http：//data. worldbank. org. cn/。

自 1975 年独立以来，佛得角在对军队的管理方面已经形成了一个不可逾越的传统，即尊重文官统治，军队服从文官政府。

二 对外联系

独立之初，佛得角军队的武器弹药均由苏联提供，90 年代后开始与世界各国建立军事联系，许多重要的军队装备均来自国际援助。以佛得角空军装备为例，1982 年苏联培训了佛得角空军，并赠给佛得角 3 架 Antonov An-26 飞机。据称这是佛得角拥有的唯一的军用飞机。1991 年，佛得角又补充了 3 架 Dornier Do 228 轻型飞机，用于海岸警卫队巡逻。20 世纪 90 年代末，巴西援助的 3 架 EMB-110 飞机同样用于海上巡逻。2014 年 12 月，佛得角外长若热·多南提诺（Jorge Tolentino）宣布佛得角海岸警卫队于 2015 年 2 月接收了两艘中国舰船，用于海洋巡逻和打击非法活动，包括非法捕鱼和走私毒品。

1975 年独立以来，佛得角的武器进口额如下：1976 年，200 万美元；1979 年，1800 万美元；1982 年，2600 万美元；1992 年，300 万美元；1998 年，900 万美元；2000 年，100 万美元；2009 年，200 万美元；2012 年，1000 万美元 。[①]

三 挑战与任务

21 世纪以来，佛得角军队面临更多挑战。首先，佛得角国小民寡，力量薄弱，无力保卫和维护其专属经济区水域的主权和秩序；其次，非法移民利用佛得角水域从非洲偷渡到欧洲，普拉亚官

---

① 参见世界银行数据库，http://data.worldbank.org.cn/。

方统计数字显示，每年有数千名非法移民抵达佛得角或通过佛得角偷渡到欧洲；最后，非法捕捞及贩毒活动。由于佛得角"得天独厚"的地理位置，该国已成为国际毒品走私到欧洲等地的重要中转站。据统计，2004 年，佛得角海关查获的向欧盟国家走私的海洛因多达 326 公斤，仅 2005 年 7 月佛得角法警就在普拉亚和萨尔岛机场查获了 75.8 公斤海洛因。[①]

为了使军队能更有效地应对恐怖主义、毒品走私、救灾以及保护其水域等，佛得角政府主要从两方面着手。

第一，积极争取国际援助和开展国际合作。现在，佛得角正与 6 个大西洋国家（葡萄牙、巴西、美国、西班牙、意大利和英国）紧密合作，协同巡逻，包括定期派出飞机和船只，联合巡逻佛得角海域。2012 年 12 月，佛得角获得中国政府资助 500 万美元，再购入一艘巡逻艇。这项资助是根据 1997 年签署的《中佛双边合作总协议》做出的。根据该协议，佛得角可每两年从中国获得援助，用于购买军事物资和设备。[②] 2013 年，中国为佛得角提供 5000 万美元援助，用于海岸警卫队购买巡逻舰、巡视该国领海，以及打击毒品贩卖，并为佛得角武装部队建设一个军服制作厂，以及在佛得角不同的军区建设四个体育馆，以帮助其发展军事体育。[③]

第二，对武装力量进行重组和调整。海岸警卫队的主要任务是

① 《佛得角警方查获一宗毒品走私案　共 75 公斤海洛因》，新华网，2005 年 7 月 26 日，http：//news. xinhuanet. com/world/2005 – 07/26/content_3266954. htm。

② 《中国资助佛得角购巡逻艇》，http：//www. macauhub. com. mo/cn/2012/12/17/中国资助佛得角购巡逻艇/。

③ 《中国捐赠 5000 万美元予佛得角以购买军事装备》，http：//www. macauhub. com. mo/cn/2013/05/16/中国捐赠 5000 万美元予佛得角购买军事装备/。

保护边境、进行海岸巡逻、提供民事援助、展开搜索和救援、保护渔业资源和海洋环境；陆军的主要任务是在国内外威慑和打击恐怖主义；专业军事警察营的任务是严格执行军事纪律、军事法律以及维护军事财产的安全。

第四章

经　济

佛得角干旱少雨，资源匮乏，粮食自给率不足 25%，80% 以上的生活用品依靠进口和国际援助。独立后，佛得角政府励精图治，利用丰富的旅游、航运和渔业资源以及海外侨民不断寄来的外汇努力发展经济，使人民生活水平逐步提高。2008 年，佛得角已正式摘掉最不发达国家的帽子，进入中等收入国家行列。

第一节　概述

佛得角曾是联合国公布的世界上最不发达的国家之一，但经过努力奋斗，人民生活水平逐步提高，已成为中等收入国家。

一　经济概况

佛得角的经济原先十分落后，曾是联合国公布的世界上最不发达国家之一。由于自然环境恶劣，降雨量稀少，气候干旱，佛得角经常 5 年、10 年不下雨。撒哈拉沙漠的风沙经常来袭，使部分岛屿上的土地日益沙化，加上地少人多，其中 75% 的农民没有可耕地，占农村人口 20% 的庄园主和土地所有者却占有 80% 的可耕地。更严重的是，长达 5 个世纪的殖民统治使佛得角的生产方式极为落后，粮食不能自给，每逢干旱，70% 以上的农业劳动力就会失业，因此佛得角被称为"没有农业的农业国"。① 自 18 世纪开始，大批佛得角人背井离乡，到国外谋生。

独立前几年，佛得角的经济状况进一步恶化，1968～1974 年佛得角发生特大旱灾，农业产值仅占国内生产总值的 14%。1974 年，国内所需粮食的 96.5% 要依靠进口。佛得角虽然有丰富的渔业资源，有些岛屿也有发展工业的条件，但在独立前，由于技术落后，全国渔业产值只占国内生产总值的 1.47%，工业产值只占国内生产总值的 2.5%。失业工人在 1970 年占到劳动人口的 55.5%。②

独立后，佛得角政府从本国经济力量弱、国家小的现状出发，在国家发展战略上始终把消灭贫困放在第一位，以改善人民生活条件、提高生存质量为根本目标。佛得角政府注意恢复和发展民族经济，提出了"从零开始，重建国家"的口号，动员人民积极参与国家建设。

20 世纪 90 年代，随着政治制度的变革，佛得角开始改革经济体制，调整经济结构，实行自由主义市场经济，重视发展外向型经济，使国内经济发展与国际经济发展保持协调，确保宏观经济平衡发展，努力提高服务贸易竞争力，发展服务业和旅游业。政府在经济发展过程中注重采取有利于民众的优惠政策，以及实行合适的财政金融政策和劳工政策等。

1992 年 8 月，国家议会通过了第三个国家发展计划（1992～1995 年），重点发展运输、通信、旅游、渔业基础设施，改革经济

① 赵永和、嵇静珍：《地处要冲的岛国——佛得角》，《世界知识》1982 年第 9 期。
② 孙跃榅：《大西洋上的明珠——佛得角群岛掠影》，《西亚非洲》1984 年第 4 期。

体制，调整经济结构；推行贸易自由化，实施"进口质量、出口数量"和"外贸渠道多元化"的新方针。1997年，佛得角开始实施第四个国家发展计划（1997～2000年），主要目标是减轻贫困，措施包括政府分权、减少公共开支、发展私营经济、加强职业训练、改革教育卫生体制等。

1997年以来，政府积极贯彻开放、引资和私有化政策，至1998年10月，已完成16家国有企业的私有化。2001年独立党重新执政后，提出以发展私营经济为核心的国家发展计划（2002～2005年），重点发展旅游业、农业、教育、卫生事业以及进行基础设施建设，主要目标是维持国家预算平衡、保持宏观经济稳定、树立良好国际形象、恢复并加强国际合作。

自2005年1月1日起，佛得角进入脱离最不发达国家行列的过渡期。为实现平稳过渡，佛得角于2006年成立了"支持佛得角过渡集团"，成员包括葡萄牙、法国、美国、中国、世界银行、欧盟和联合国等。在国际社会的支持下，佛得角基础设施发展较快；几个大型旅游综合设施开工，多条公路通车，圣维森特和博阿维斯塔国际机场竣工。2007年12月，联合国宣布佛得角已脱离最不发达国家行列；2008年1月，联合国宣布佛得角正式进入中等发达国家行列。

佛得角于2008年7月23日成为WTO第153个成员。

佛得角首家证券交易所于1999年3月开业。

自独立以来，佛得角政府励精图治，政治上，保持稳定，以"民主、廉政"著称；外交上，与世界各国尤其是大国建立良好的关系；经济上，确立适合本国国情的经济发展战略，完善法律体系，改善投资环境。但由于对外依赖性较大等痼疾，佛得角的经济发展依然面临一定的困难。目前，佛得角经济面临的问题主要是缺乏发展资金。为此，政府奉行以市场经济为主导的外向型政策，以克服历来过于依赖特许权转让费和海外侨民汇款之弊病。

二 私有化[①]

独立后佛得角原先实行的是中央计划经济，但是到 80 年代末期，政府主导型计划经济发展模式面临危机。1991 年实行多党制后，佛得角开始改变国家主导经济的发展模式。20 世纪 90 年代，佛得角政府逐步减少对经济的干预，并在全球市场经济模式的影响下采取私有化和经济自由化政策。由于国有企业效率低，国有资产流失严重、增长缓慢等弊病，亟须对国有企业进行调整。为此，佛得角政府于 1993 年通过了《国有企业私有化法》。

1993 年后佛得角开始逐步推进私有化进程，并将其作为政府的重要工作和任务。2004 年 2 月，佛得角将国家经济管理机构的主要任务确定为实施私有化改革，主要从两个方面着手：一方面，针对已经私有化的企业，修改有关税收法律；另一方面，借助世界银行的技术财政援助，实施水、电收费自动调节机制。2004 年 9 月，佛得角财政计划部部长若昂·瑟拉致函国际货币基金组织，表示将加快佛得角能源、水、电信、航空、海运、渔业等领域的私有化改革进程，取消对佛得角航空公司的所有财政补贴，批准佛得角航空公司重组，所有的海运设施，如港口等全部转让给私人。[②]

仅以国有企业的规模和数目来看，佛得角的私有化是成功

---

① 参见 African Development Bank, African Development Fund, "Cape Verde: A Success Story," http://www.afdb.org/en/news-and-events/multimedia/video/cape-verd e-a-success-story-429/。

② 《佛得角政府加速私有化改革》，2004 年 9 月 28 日，中华人民共和国商务部网站，http://www.mofcom.gov.cn/article/i/jyjl/k/200409/20040900285209.html。

的。1993 年《国有企业私有化法》实施后，私有化主要集中于基础设施中的几个关键领域：电信和能源以及财务服务。私有化之前，佛得角有 50 家国有企业，有员工 6000 多人，产值占佛得角 GDP 的 25%。1992~2004 年，佛得角国有企业的数目从 50 家降至 6 家。与许多拉美和非洲国家的私有化进程中出现社会骚乱和政治冲突不同，佛得角的私有化进程始终是在和平环境下推进的，其成功经验在于凝聚广泛的政治共识，以及不操之过急，逐步推进。正是因为这两点，佛得角的私有化进程中才没有出现大规模的下岗和失业，从而也就避免了社会骚乱和政治动荡。

2014 年，美国传统基金会公布了《经济自由度指数报告（2014）》，佛得角的得分为 66.1 分（比 2013 年增加 2.4 分），在被考察的 186 个国家中排第 60 位，超过葡萄牙（第 69 位）、巴西（第 114 位），在葡语国家中位居第一。根据该报告，佛得角在"就业自由度""营商自由度""投资自由度""政府开支管理"等方面的得分皆有较大幅度的提升。[①]

佛得角的私有化进程尽管有成功之处，但是也有其缺陷和不足。第一，很多重要部门的私有化只是把政府垄断转变为私人垄断，没有配以必要的管理和法律手段来确保私有化以后有序竞争和良好的经济治理；第二，没有关注配套的立法、行政和司法改革，以改善商业环境；第三，由于缺乏竞争和有效的管理措施，

---

① 美国传统基金会考察的 186 个国家，覆盖全球人口的 99%。经济自由度指数评价指标包括贸易政策、政府开支管理、政府对经济的干预、货币政策、资本流动和外国投资、银行业和金融业、工资和物价、产权、规制以及非正规市场活动 10 个项目。参见《经济自由度排名：佛得角居葡语国家榜首》，2014 年 1 月 16 日，中华人民共和国商务部网站，http：www.mofcom.gov.cn/article/i/jyji/k/201401/20140100461903.shtml。

消费者不得不面临高物价的冲击；第四，某些关键领域的私有化改革出现反复，最具争议的就是水力和电力公司的私有化，该公司从1999年开始私有化，但没有成功，到2008年政府不得不重新收回管理权。

非洲发展银行的报告显示，截至2014年，佛得角共有29家国有企业，包括14家公共企业和15家准公共企业。国有企业集中于公用事业、能源、电信和交通领域，其中最大的5家国有企业所控制的国有资本占全部国有资本的70%，占GDP的32%。因此，国有企业在佛得角国民经济中依然发挥着非常重要的作用。[①]

三 经济结构

佛得角的产业结构不合理，基础产业薄弱，生产能力差，依赖性强。佛得角的第一产业（农、牧、林、渔业）仅占国内生产总值的10%左右，第二产业（工业、能源和建筑业）占国内生产总值的比重不到20%，第三产业（贸易、旅游、交通、通信和其他服务业）占国内生产总值的70%以上。

佛得角虽是农业国，全国25%的人口从事农业和渔业，但粮食不能自给，因而被称为"没有农业的农业国"。可耕地面积（不含牧场）仅有3.9万公顷，约占国土总面积的10%，其中水浇地3000公顷，旱田3.6万公顷，大部分集中在圣地亚哥岛和圣安唐岛两岛。主要农作物有玉米、豆类、薯类、甘蔗、香蕉、咖啡、西红柿、萝卜、甜菜、花生等。由于自然条件差，且经常

---

① African Development Bank, "Cabo Verde Country Strategy Paper 2014 – 2018," http://www.afdb.org/en/consultations/closed-consultations/cape-verde-country-strategy-paper-2014 – 2018/, p. 4.

发生旱灾，粮食产量只能满足国内需求的 15%，余下的主要依靠进口和援助。

佛得角畜牧业不发达，养殖品种包括鸡、猪、山羊、兔、牛、马等，生产方式以农户散养为主，可满足国内约 90% 的肉类需求。

捕鱼业在佛得角国民经济中占有重要地位，渔业人口约为 1.4 万。佛得角有 73.4 万平方千米的海上专属经济区，渔业资源较为丰富，但由于技术落后，未得到完全的开发利用。目前，佛得角每年出口海产品约 1 万吨，主要为龙虾、金枪鱼和其他虾类，为世界上渔业开发潜力较大的国家之一。

第二产业基础薄弱，以建筑业为主，制造业不发达。[①] 工业产值约占国内生产总值的 19%，工人约占劳动总人口的 29%。

第三产业在国民经济中占有相当重要的位置，在 GDP 中所占比重在 70% 以上，约有 50% 的劳动人口从事服务业（见表 4-1）。其中，旅游业已成为国家经济增长和就业的主要来源。佛得角群岛属热带干旱气候，阳光充沛，空气清新，风景独特，气候宜人，且紧靠欧洲，是世界十大避寒胜地之一。佛得角前总统曾幽默地说，佛得角最宝贵最无价的资产是阳光和空气。[②] 2016 年，佛得角吸引游客总数约为 64.4 万人。[③]

---

① 《佛得角国家概况》，中华人民共和国外交部网站，http：//www. fmprc. gov. cn/mfa_chn/gjhdq_603914/gj_603916/fz_605026/1206_605318/。

② 参见宓世衡《佛得角的社会经济发展特征》，李保平、陆庭恩、王成安主编《亚非葡语国家发展研究》，世界知识出版社，2006。

③ 参见《佛得角》，吉林省外事侨务办公室网站，http：//wb. jl. gov. cn/hqgl/gggk/fz/201409/t20140925_ 1756523. html。

表4-1 佛得角产业结构（占 GDP 百分比）

单位：%

年份 产业	2011	2012	2013	2014	2015
工业	20.1	18.9	19.5	19.7	18.5
农业	9.6	10.1	9.9	9.0	9.5
第三产业	70.3	71.0	70.6	71.3	72.0

资料来源：世界银行数据库，http：//data.worldbank.org.cn/。

四 宏观经济表现

面对恶劣的生存环境，佛得角政府励精图治，制订国家发展规划，因地制宜，采取适合本国国情的经济发展战略，加之得益于优惠的官方发展援助和海外佛得角人的汇款，佛得角的经济逐步得到发展。

1991 年，佛得角实现政治转型，经济上开始进行改革，建立了更加自由开放的经济体制，使经济保持了近 10 年的高速增长。1992~2000 年，佛得角 GDP 年均增长率在 10% 以上，1992 年高达10.9%，1994 年更是高达 19.2%（见表4-2）。经过多年的发展，佛得角的各项经济指标均取得重大进步。2008 年，佛得角正式脱离最不发达国家行列，跻身中等收入国家行列，成为非洲葡语国家中唯一一个中等收入国家。

总体而言，佛得角的经济由于依赖国际市场，所以比较脆弱，波动较大。比如，2006~2008 年，佛得角经济受繁荣的国际市场的影响，分别增长 8.0%、15.2% 和 6.7%，但是 2008 年世界金融危机爆发后，佛得角经济次年就出现负增长（-1.3%）。受持续低迷的世界经济和国内自然灾害影响，2012~2014 年佛得角经济增长乏力，增长率徘徊在 1.0%~2.8%（见表4-2）。2010 年

表 4 – 2 1981 ~ 2015 年佛得角 GDP 增长率

单位：%

年份	增长率	年份	增长率	年份	增长率	年份	增长率	年份	增长率
1981	8.5	1989	5.7	1997	11.1	2005	6.9	2013	1.0
1982	2.8	1990	0.7	1998	12.5	2006	8.0	2014	2.8
1983	9.5	1991	1.4	1999	11.2	2007	15.2	2015	1.5
1984	3.8	1992	10.9	2000	14.3	2008	6.7	2016	3.6
1985	8.6	1993	8.7	2001	2.2	2009	– 1.3		
1986	2.9	1994	19.2	2002	5.3	2010	1.5		
1987	4.3	1995	14.2	2003	4.2	2011	4.0		
1988	6.0	1996	11.3	2004	0.2	2012	1.1		

资料来源：世界银行数据库，http：//data. worldbank. org. cn/；2015 年数据来源于《佛得角 2015 年 GDP 增长 1.5%》，http：//www. macauhub. com. mo/cn/2016/04/01/佛得角 2015 年 gdp 增长1～5/。2016 年数据来源于《佛得角财政部长：2016 年佛得角经济增长 3.6%，增速较 2015 年翻一番》，中华人民共和国商务部网站，http：//www. mofcom. gov. cn/articlel/i/j/jl/201703/20170302536620. shtml。

以来，政府大幅增加公共投资，刺激经济发展。得益于此，佛得角经济逐步恢复，2015 年经济增长率为 1.5%[①]，2016 年为 3.6%。

政府对社会福利进行大规模投资，从而大幅度减少了贫困人口。2007 年家庭收入调查数据显示，贫困线以下人口（日收入在 1.6 美元以下）占总人口的比重从 2002 年的 36.7% 下降至 2007 年的 26.6%。[②]

与此同时，佛得角 GDP 与人均 GDP 也在稳定增长（见表 4 – 3）。

[①] 《佛得角 2015 年 GDP 增长 1.5%》，http：//www. macauhub. com. mo/cn/2016/04/01/佛得角 2015 年 gdp 增长 1.5/。

[②] 参见世界银行数据库，http：//data. worldbank. org. cn/。

表 4 – 3　1981 ~ 2015 年佛得角 GDP 和人均 GDP（按 2005 年美元计）

年份	GDP（亿美元）	人均 GDP（美元）	年份	GDP（亿美元）	人均 GDP（美元）
1981	1.6	559.7	1999	6.4	1499.2
1982	1.7	564.5	2000	7.4	1677.5
1983	1.8	605.8	2001	7.5	1681.9
1984	1.9	616.3	2002	7.9	1739.9
1985	2.1	657.4	2003	8.3	1783.1
1986	2.1	665.3	2004	9.1	1938.5
1987	2.2	683.6	2005	9.7	2049.6
1988	2.3	713.9	2006	10.5	2194.6
1989	2.5	741.9	2007	12.1	2511.7
1990	2.5	732.2	2008	12.9	2664.6
1991	2.5	725.3	2009	12.7	2615.3
1992	2.8	784.1	2010	12.9	2633.7
1993	3.1	829.4	2011	13.4	2711.7
1994	3.6	961.5	2012	13.6	2709.8
1995	4.1	1068.8	2013	13.7	2703.7
1996	4.6	1159.2	2014	14.1	2743.4
1997	5.1	1255.7	2015 [*]	16.0	3080.2
1998	5.8	1379.0			

注：2015 年数据按现价美元核算。

资料来源：世界银行数据库，http：//data. world bank. org. cn/。

外汇储备方面，2011 年佛得角外汇储备为 3.39 亿美元，占 GDP 的比例为 25.3%；2014 年增加至 5.11 亿美元，占 GDP 的比例为 36.2%。具体见表 4 – 4。

表 4 – 4　2011～2014 年佛得角外汇储备

单位：亿美元，%

年份	2011	2012	2013	2014	2015
总储备（包括黄金）	3.39	3.76	4.75	5.11	4.94
总储备占 GDP 比例	25.3	27.6	34.7	36.2	30.8
总储备占外债总额比例	32.6	30.2	32.0	33.2	32.5

资料来源：世界银行数据库，http：//data.worldbank.org.cn/。

第二节　农牧渔业

佛得角虽是一个农业国，但农业和畜牧业均不发达，由于受环境和气候等诸多因素影响，发展潜力较小。渔业资源较为丰富，捕鱼业在佛得角国民经济中占有重要地位，但是由于技术落后，需要借助国际援助共同开发利用。

一　农牧业

（一）农业概况

佛得角是一个农业国，农业是佛得角重要的生产部门，也是重要的就业部门，如 2011 年佛得角有 15.4% 的劳动力从事农业，因此农业的兴衰关系国计民生。但是由于受环境和气候等诸多因素影响，佛得角农业发展潜力较小。限制农业发展的因素表现在以下几个方面。

首先，气候条件恶劣。佛得角属热带干旱气候，终年盛行干热的东北信风，因此佛得角虽然地处大西洋的中心位置，但干旱少雨，年均降雨量在 120～200 毫米，有时干旱特别严重，甚至持续十几年，对佛得角的农业造成致命的打击；有时会一连下几个小时的暴雨，雨水可能会把一切都冲走，包括山洼里修建的小型堤坝，因此雨停后大地仍然干旱。

其次，佛得角地势陡峭、地形崎岖，从事农业的条件欠缺。根据世界银行的统计，早在20世纪60年代，佛得角就只有1.65%的国土面积可耕作，或者说人均只有0.32亩可耕地。独立后，几佛独立党领导人民开荒种地，在光秃秃的黄土和黑石山坡上开垦了许多梯田或斜坡田，这些田一直开到山顶，使佛得角的可耕地面积扩大至3.9万公顷，大部分集中在圣地亚哥岛和圣安唐岛。① 但是，由于雨水缺乏，大部分可耕地为非灌溉农地。有的田地坡度很陡，不要说人在田里劳动，就是直立也很困难，灌溉除利用山坡石缝中的细小流水外，主要是靠打井取水，因此井也随着梯田一直打到山顶。

最后，殖民统治时期，葡萄牙殖民者不可能从发展的角度考虑佛得角的前途，为了自己的私利，他们大力发展畜牧业，这使佛得角的农业用地日益缩小。与此同时，殖民者把他们占有的大部分土地用于种植甘蔗和咖啡等经济作物，而不是用于生产粮食作物，从而进一步恶化了土地质量，降低了佛得角的农业生产率。

由于上述原因，佛得角农业收成甚微，年产量仅占需求量的5%～10%，粮食自给率不足25%，正常年景粮食产量仅能满足国内需求的20%，蔬菜水果产量能满足国内需求的60%。由于自产的蔬菜、水果远远不能满足国内市场需要（见表4-5），还得依靠进口（除了鱼类之外），因而其价格昂贵。

---

① 关于佛得角可耕地的情况，不同的研究者有不同的说法，本书采用的资料来源于《佛得角国家概况》，中华人民共和国外交部网站，http：//www.fmprc.gov.cn/mfa_chn/gjhdq_603914/gj_603916/fz_605026/1206_605318/。

表 4 - 5　1990 ~ 2014 年佛得角食品贸易额

单位：百万美元

类　　别　　　　　年　份	1990	2000	2014
食品出口额	2	0	0
食品进口额	35	56	184
谷物贸易额	- 11	- 15	- 50
水果和蔬菜类贸易额	- 3	- 9	- 29
奶类产品贸易额	- 5	- 8	- 32
鱼类贸易额	2	1	40

资料来源：联合国粮农组织数据库，http：//www.fao.org/faostat/en/#data。

　　佛得角主要依靠国际援助来满足国内粮食需求。国际社会对佛得角的粮食援助平均每年在 3 万吨左右，最多时达到 5 万 ~ 6 万吨，占全国粮食需求量的 50% ~ 80% 。21 世纪以来，为了改善农业状况和提高粮食产量，佛得角开始重视农业基础设施建设，主要通过自身努力和争取国际社会援助来实施。2009 年，佛得角政府制订了国家农业投资规划（2010 ~ 2015 年），目标是通过改善灌溉条件和发展养殖业，到 2015 年时使农业贫困人口减半。此外，在联合国粮农组织的资助下，佛得角开始重新造林，以减少水土流失和提高地下水水位。佛得角还修建了 7200 个收集雨水的堤坝，开挖了新井，构建起更有效的灌溉系统，使约 3000 公顷土地能得到灌溉，使佛得角可灌溉用水每年达到 1.5 亿立方米。

　　与此同时，鉴于资金困难，佛得角政府呼吁国际社会对其农业基础设施建设进行投资或援助。在佛得角抗旱、灌溉和发展农业生产中发挥着不可或缺作用的泡衣崂（poilāO）水坝，就是中国援助佛得角的一项重要水利工程。为帮助佛得角解决农田灌溉和人畜饮水问题，中国政府于 2004 年决定在佛得角圣地亚哥岛上的里贝拉干河谷建立泡衣崂水坝。经过一年零四个月的紧张施工，该水坝于 2006 年 5 月 6 日竣工，共耗资 3.8 亿佛得角埃斯库多（合 440 万美元），是佛得角历史上第一座具有规模的水坝。泡衣崂水坝能够蓄水 120 多万立方米，可灌溉大面积土地，同时也为水坝周边数百个家庭提供了就业岗位。[①]

圣地亚哥岛是佛得角主要的农业生产地，其农业产值约占佛得角全国农业总产量的一半，其次是圣安唐岛和圣尼古拉岛。2010 年 1 月，佛得角在葡萄牙的支持下提出了"新农业"政策，计划于 2016 年在 9 个有人居住的岛上建设 17 座水坝，打 70 口井。[②] 所有这些项目的建设都需要国际社会伸出援助之手。

佛得角的主要农产品有玉米、豆类、木薯和甘薯，在土壤和降水条件稍好的情况下还可种植香蕉、蔬菜、甘蔗等。佛得角的主要粮食作物是豆类和玉米，皆为间作。粮食作物对降水的依赖性很大，而佛得角不仅干旱少雨，而且降水量变化大，因此粮食产量很不稳定。例如，2007 年的干旱使玉米产量大大减少，从 2006 年的 4116 吨下降至 3068 吨；2008 年降水增多，玉米产量达到 11584 吨；此后玉米产量随着降雨量的逐步减少又再度减少，2011 年降为 5569 吨。2011 年，木薯产量为 3750 吨，豆类为 2700 吨，土豆为 13000 吨，椰子为 5400 吨，全部用于国内消费。佛得角每年的谷物需求量为 110000 吨，因此国内生产远不能满足消费需求，具体见表 4 - 6。此

---

① 《佛得角政府称中国援建的泡衣崂水坝作用巨大》，新华网，http://news.xinhuanet.com/overseas/2009 - 08/11/content_11864478.htm。

② 《葡萄牙财团交付佛得角建成大坝》，http://www.macauhub.com.mo/cn/2014/11/14/葡萄牙财团交付佛得角建成大坝/；《葡萄牙出资在佛得角兴建三座大坝》，http://www.macauhub.com.mo/cn/2011/03/21/葡萄牙出资在佛得角兴建三座大坝/。

外，佛得角有近一半可灌溉土地被用于生产经济作物——甘蔗，2011 年甘蔗产量为 25000 吨，其中绝大部分用于生产一种在国内市场很受欢迎的饮料"火酒"（Grogue）。为了扩大粮食作物的种植面积，提高粮食自给率，佛得角政府积极寻求办法进口糖浆制造饮料以代替"火酒"，以使国内更多土地用于生产粮食作物和其他经济作物。

表 4 - 6　2009 ~ 2014 年佛得角谷物产量

单位：吨

年份	2009	2010	2011	2012	2013	2014
产量	7383	7047	5569	6001	5785	1065

资料来源：世界银行数据库，http：//data. worldbank. org. cn/。

佛得角政府鼓励种植香蕉、阿拉比卡咖啡（Arabica Coffee）、花生、蓖麻子（castor bean）、菠萝等经济作物，但是只有香蕉和杧果出口海外。2011 年，香蕉产量为 7200 吨，杧果为 6800 吨。欧盟分配给佛得角的香蕉出口配额为 4800 吨，主要运往葡萄牙。福古岛生产的少量咖啡和蓖麻子主要用于国内消费。

佛得角农业生产经营方式主要有三种类型：一是个体农户，是佛得角现行的最主要的农业生产类型，农民们依旧保留烧荒垦地、锄耕直播的落后方式；二是规模经营、小农场经营，经营几公顷到几十公顷土地；三是大型个体合作农场，占地面积在数十公顷到上百公顷之间，这主要集中在圣地亚哥岛和圣安唐岛，因为只有这两个岛上才有大片平整的土地。[①]

[①]　参见于向阳、徐红霞、王森《佛得角农业投资机遇与潜力研究》，《南方农业》2010 年第 6 期。

佛得角农业研究院是重要的农业研究机构，每年得到政府拨款1500万埃斯库多、国际援助3000万埃斯库多。

（二）畜牧业概况

佛得角畜牧业不发达。无人工牧场，牧畜均属天然放养。根据联合国粮农组织的数据，2011年佛得角饲养的牲畜种类和数量分别是：牛，46500头；猪，240000头；绵羊，20550只；山羊，235000只；马，500匹；驴，15300头；骡子，1900头；鸡，700000只。2011年，佛得角生产猪肉8700吨，牛肉900吨，牛奶11900吨，山羊奶11.7吨，鸡蛋2200吨。[①]

二 渔业[②]

作为海岛国家，捕鱼业在佛得角国民经济中占有重要地位，从事渔业的人口约有1.4万人，专属经济区达73.4万平方千米，而且由于位于寒暖流交汇处，佛得角渔业资源丰富，种类较多。佛得角每年捕鱼量可达3.7万吨，每年出口海产品约1万吨，主要为龙虾、金枪鱼和其他虾类。2007年，佛得角渔业出口额占出口总额的35.4%，2011年这一比例上升至56.4%，2012年为60%，2013年为44%，2014年为78%，2015年为49%。渔业虽然对佛得角GDP的贡献不大，但具有促进就业、实现出口创汇和维护国家粮食平衡的作用，是衡量国家经济的重要指标。

佛得角主要的渔业资源有四类：（1）金枪鱼类，这是佛得角

---

① http：//www.ciu.com.

② 有关佛得角渔业资源方面的资料，主要参见向阳、徐红霞、王淼《佛得角农业投资机遇与潜力研究》，《南方农业》2010年第6期；夏连军、陆建学《佛得角共和国的渔业》，《中国水产》2010年第2期。

最重要的渔业资源；（2）商业价值较高的底层鱼类，如石斑鱼、非洲真鲷等；（3）小型上层鱼类，主要有斑点圆鲹、竹荚鱼等，这类鱼经济价值较低，除一部分用于食用外，剩余的则主要作为钓捕金枪鱼的饵料；（4）龙虾。龙虾是佛得角重要的出口创汇产品，在其海域内终年都可捕捞。①

2007 年，佛得角渔业从业人数为 3924 人，其中从事商品鱼交易的为 893 人；船舶 1036 艘，其中大型工业渔船 70 艘，渔船机械化（具有机械动力）率达到 74%。佛得角渔业捕捞方式有两种：手工捕捞和工业捕捞。2007 年，佛得角渔业产量为 9043 吨，比 2006 年下降 9%。其中，中上层鱼类占渔获物的 45.4%，金枪鱼占 37.1%，底栖鱼类占 11.4%，龙虾占 0.3%，其他品种占 5.8%。近几年佛得角渔业产量逐年增长，具体见表 4-7。

表 4-7　2009~2014 年佛得角渔业产量

单位：吨

年份	2009	2010	2011	2012	2013	2014
产量	19213	21412	23060	20929	35979	35680

资料来源：世界银行数据库，http://data.worldbank.org.cn/。

但是由于岛屿面积、居住人口和渔业发展程度不同，各个岛之间的捕捞渔获量有很大区别。其中，首都普拉亚所在的圣地亚哥岛人口众多，从事渔业的人数也居全国之首，因此其渔业产量也居全国之首（31%）。圣安唐岛和圣维森特岛的渔业产量占全国的比重均为 15%，最少的是博阿维斯塔岛，仅占 3%。

① 参见刘锡胤等《佛得角海洋渔业发展概况》，《中国渔业经济》2002 年第 2 期。

佛得角的渔业产品是其重要的出口产品。佛得角捕鱼技术落后，为了充分利用渔业资源，2005 年佛得角与欧盟签署了《渔业伙伴关系协定》，允许欧盟渔船在佛得角水域捕捞金枪鱼和其他高度洄游鱼类。作为回报，欧盟向佛得角支付补偿金和提供赠款，用以提高佛得角的渔业管理水平，如提高监测和监督的能力，支持当地渔业社区。[①] 2014 年 8 月，佛得角与欧盟续签《渔业伙伴关系协定》，规定欧盟 71 艘渔船可在佛得角领海捕捞金枪鱼等海产品，为此欧盟将于 2014～2015 年每年向佛得角支付 55 万欧元补偿金，于 2016～2018 年每年支付 50 万欧元补偿金；补偿金的一半是资源费，另一半用于强化佛得角渔业管理，包括加强控制和调查能力以及支持当地捕捞团体等。[②]

为了长期保护海洋生态平衡，确保海洋生物的可持续捕捞，2015 年佛得角政府通过了《国家防止非法捕鱼行动计划》，规定外国渔船须事先向佛得角当局申请，方可进入佛得角海域捕鱼和停靠在佛得角港口以出售或卸装渔产品。

佛得角国家渔业科学研究所创建于 20 世纪 80 年代。1981 年，佛得角获得了中东大西洋渔业委员会（Committee on East and Central Atlantic Fisheries，CECAF）的项目资助，制定了渔业发展纲要。1992 年，国家渔业科学研究所与手工渔业促进和发展研究所合并，成立了国家渔业发展研究所（Institute for the Development of Fisheries，INDP）。该研究所是官方机构，总部设在明德卢，在首都普拉亚设有代表机构。国家渔业发展研究所是佛得角渔业资源管

① 《佛得角和欧盟续签渔业协定》，http：//www. macauhub. com. mo/cn/2014/09/01/。
② 《欧盟与佛得角签署渔业伙伴协定新议定书》，凤凰网，2014 年 9 月 2 日，http：// finance. ifeng. com/a/20140902/13048621_0. shtml。

理的科学技术机构，具有进行渔业科学研究、促进渔业开发和进行水产养殖的职能，并负责执行渔业部门的发展纲要。[1]

第三节 工业

工业虽被佛得角政府确定为国民经济优先发展的部门之一，但由于佛得角自然条件恶劣、资源匮乏，因此工业基础十分薄弱，占GDP 的比例约为 20%。

一 工业基础

佛得角的制造业不发达。佛得角有中小工厂 150 余家，主要从事制衣、制鞋、水产加工、酿酒、饮料装瓶等。较大的生产部门有饮料、烟草、食品、家具制造、金属制品和船舶维修。除了海产品保鲜、肉类加工、采石采沙以及手工艺制作外，其他部门的原材料都依赖进口。80% 以上的日常生活用品以及全部机械设备和建筑材料等也都依靠进口。工业生产主要以国内市场为主。

随着旅游业的发展，佛得角的建筑业得到了很大的发展。中小建筑公司主要从事商业和民用住宅建设，几家大公司主要从事基础设施和公共工程建设。

为了吸引外资和促进出口，佛得角于 1993 年制定了《自由园区企业法》，决定设立两个工业园区，即位于圣地亚哥岛普拉亚市的

---

① 于向阳、徐红霞、王淼：《佛得角农业投资机遇与潜力研究》，《南方农业》2010 年第 6 期，第 59 页。为落实胡锦涛主席在中非合作论坛北京峰会上宣布的"向非洲派遣 100 名高级农业专家"的重大举措，于向阳作为高级农业专家之一，于 2009~2010 年被派到佛得角开展援助工作。

阿恰达·古兰德·拉斯（Achada Grande Tras）工业园和位于圣维森特岛的拉扎雷托（Lazareto）工业园，园区内企业可享受长达 10 年的免税和免关税待遇。阿恰达·古兰德·拉斯工业园毗邻普拉亚海港，面积约 1 平方千米，园区内现有数十家建材、汽配展销门店和库房；拉扎雷托工业园位于明德卢市郊，距圣佩德罗港 5 千米，距格兰德港 7.5千米。①

采矿业在佛得角国民经济中的地位微乎其微，其产值仅占GDP 的 1%，其产品主要是火山灰以及未经提炼的海盐。2010 年，佛得角火山灰的产量为 16 万吨，未经提炼的海盐为 1600 吨。此外，还生产少量的黏土、石膏、石灰石等。

二　自然资源

虽然佛得角共和国的岛屿都是由火山形成的，但火山并未给它们带来资源。除了圣维森特岛蕴藏有少量的煤炭外，其他岛上的都是火山喷发的石灰石、白榴火山灰、浮石、岩盐等低价值矿藏。

根据联合国对 180 个国家年人均拥有水量的调查报告，佛得角排名第 158 位，为严重缺水国家。在全世界水资源不断减少和佛得角人口不断增加的情况下，日后缺水的态势有可能会更加严重。目前，佛得角年平均降雨量为 233 毫米，其中 20% 流入地表，13%被吸收，67% 被蒸发。

佛得角基本上靠进口石油产品维持能源供应，大部分进口石油用于发电。佛得角太阳能、风能资源比较丰富，但囿于技术，未能得到

---

① 《对外投资合作国别（地区）指南》（2012 年版），http：//www. freepard. com/freepard/info-1000016996. html。

充分利用，2010 年可再生能源提供的电力仅为 4%。佛得角政府计划到 2020 年使 25% ~ 50% 的能源需求从可再生能源中得到满足。

第四节　交通与通信

在佛得角，互联网和手机使用率较高，但费用昂贵。作为海岛国家，海上和空中交通是佛得角重要的大动脉，岛内港口和公路等运输设施比较完备。

一　邮电通信

佛得角与大多数国家有直拨线路连接。佛得角国内、国际固话服务由佛得角电信集团（Cape Verde Telecom，CVT）垄断，移动电话由佛得角电信集团和 T-Mais 两家公司经营，二者的市场份额分别是 70% 和 30%。佛得角电信集团由佛得角电信（佛得角唯一一家固网电话公司）、佛得角移动（CV Movel，佛得角最大的移动电信公司，拥有 78% 的市场份额）和佛得角多媒体（互联网与收费电视）组成。佛得角电信集团最大的股东是葡萄牙电信集团（拥有 40% 的股份），其次是国家社会保障协会（拥有 37% 的股份）、佛得角公司索兰戈（Sonangol，拥有 5% 的股份）、佛得角邮政公司（拥有 5% 的股份）和佛得角政府（拥有 3.5% 的股份），其余股份由私人持有。

当地互联网和手机使用率较高，但费用昂贵。2013 年，佛得角有固定电话 6.6 万部，平均每 1000 人有 129 部；有移动电话 49.9 万部，普及率为 97%；互联网用户数 23.4 万户，普及率达 47%，其中宽带用户 21.3 万户，普及率为 42.4%。2010 年，佛得角电信集团投资 3000 万欧元改善电信质量，特别是互联网的质量。2011 年，佛得角海底光纤投入运营，极大地改善了本国的宽带接入情况，因为在此之前，除圣地亚哥岛外，其他岛屿都还没有宽带。

除了普通的邮政通信外，佛得角国内还有多家公司提供国际快递服务。

二 交通运输①

由于岛屿分散且严重依赖进口，交通运输成为佛得角经济生活的命脉，岛内港口和公路等运输设施较完备。佛得角位于非洲、欧洲和美洲的交汇处，战略地位十分重要，因此海上和空中交通也成为佛得角重要的大动脉。

1. 陆路交通

基础设施较差，没有铁路。近年来佛得角政府加大公路建设，使陆路交通状况有了很大改善。2003 年，佛得角政府设立了国家公路基金（National Road Fund），投入 110 万美元，由公路研究所（Instituto das Estradas）管理经营，用于建设、翻修和维护岛上的公路网。为了支持国家公路基金，2008 年政府开征新的公路税，自 7 月 2 日起，每升燃料征收 7 埃斯库多（0.06 欧元）的公路保养税。② 佛得角多数岛上已建成公路网，截至 2014 年 1 月，佛得角公路总长 2520 千米，其中高速公路仅有数十千米。

市内交通以公交车和出租车为主，也有公司提供租车服务。普

---

① 关于佛得角的基础设施状况，可参见 Cecilia M. Briceño-Garmendia and Daniel Alberto Benitez, "Cape Verde's Infrastructure: A Continental Perspective," *World Bank Policy Research Working Paper*, No. 5687, June 1, 2011。

② 《佛得角：政府开始征收公路保养税》，http://www.macauhub.com.mo/cn/2008/06/05/5167/。

拉亚环路为两车道，长 17 千米，由葡萄牙资助修建，连接首都机场、东区，通往普拉亚西部旧城区，缓解了交通堵塞状况，被视为佛得角的关键公路基础设施。

2. 海上交通

佛得角是群岛国家，因此海上交通占有重要地位。佛得角不仅有驶往葡萄牙、西班牙、北欧、巴西和非洲大陆的国际班轮，而且国内每周有定期人货两用航运班船往返于各岛屿之间，但遇风浪大的天气则会停航。截至 2012 年 12 月 31 日，佛得角登记船只共 49 艘，总注册吨位达 44446 吨。2016 年，佛得角港口进出船舶 7534 艘次，同比增长 7.4%。全年全国港口完成货物吞吐量 208 万吨，比 2015 年增长 5.9%；完成旅客吞吐量 90 万人次，比 2015 年增长 8.2%。[①]

佛得角共有 8 个港口，几乎每个岛都有港口。格兰德港是佛得角最大的海港，也是大西洋航线上重要的中间站和加油港，位于圣维森特岛的明德卢市，码头长 1750 米，吃水最深达 11.5 米，入港船舶最长 236 米，水深 3.5~9.3 米。港口服务有修船、添加燃料、医疗、牵引、排污、淡水供应、给养等。

首都普拉亚港为佛得角第二大港口，设施良好，码头长 617 米，水深达 13 米，可停靠万吨级轮船，每年都有大批进出口货物在此装卸。港口主要输出香蕉、咖啡、甘蔗、蓖麻子等。

此外，佛得角的重要港口还有萨尔岛的帕尔梅拉港、圣安唐岛的波多诺伏港、博阿维斯塔岛的萨尔雷港、福古岛的加瓦莱罗

---

① 《2016 年佛得角民航运输、港口生产指标平稳增长》，中华人民共和国驻佛得角共和国大使馆经济商务参赞处网站，http://cv.mofcom.gov.cn/articlel/sqfb/201704/20170402553258.shtml。

斯港等。

3. 空中交通

作为由多个岛屿组成的海岛国家以及大西洋的交通枢纽，在佛得角最常用的交通工具是飞机。佛得角航空公司开辟有飞往欧洲、非洲、巴西和美国的国际航线；葡萄牙航空、几家欧洲航空公司和包机公司也有飞往佛得角的航班。2016 年，佛得角全国机场完成起降 30209 架次，同比增长 9.1%；全行业完成旅客运输量 210 万人次，同比增长 10.1%。[①]

机场在佛得角国家经济生活中是重要的基础设施。全国共有 9 个机场，平均每个岛一个机场。其中 4 个为国际机场，即萨尔岛的阿米卡尔·卡布拉尔国际机场，首都普拉亚的曼德拉国际机场、博阿维斯塔岛的阿里斯蒂德·佩雷拉国际机场以及圣维森特岛的西莎莉亚·艾芙拉国际机场。除上述 4 个国际机场外，经国际民用航空组织（International Civil Aviation Organization，ICAO）批准，佛得角在圣尼古拉岛、马尤岛和福古岛还建有小型机场，供国内航班使用。

位于萨尔岛的阿米卡尔·卡布拉尔国际机场（也称为萨尔国际机场）是佛得角最大最主要的国际机场，可供起降波音 747 客机，修建于 20 世纪 30 年代，90 年代进行了扩建，已成为欧洲—南美航线飞机的后勤补给战略要地，并成为萨尔岛经济发展的动力源。如今，阿米卡尔·卡布拉尔国际机场作为佛得角的主要门户，在萨尔岛的发展中发挥了主导作用，促进了本岛乃至整个国家旅游

---

① 《2016 年佛得角民航运输、港口生产指标平稳增长》，中华人民共和国驻佛得角共和国大使馆经济商务参赞处网站，http：//cv. mofcom. gov. cn/articlel/sqfb/201704/20170402553258. shtml。

资源的开发利用。在 2005 年 9 月启用普拉亚新机场之前，该机场是佛得角唯一一个提供国际航班的机场，是佛得角航空公司的总部基地，每年服务旅客 100 多万人次。

第二大机场为普拉亚新机场，第三大机场是博阿维斯塔岛上的阿里斯蒂德·佩雷拉国际机场，2007 年开始运营。

佛得角航空公司成立于 1958 年，是一家以定期航班和包机为主营方向的航空公司，主要提供飞往欧洲、北美、南美和西非的航班服务，总部设在阿米卡尔·卡布拉尔国际机场。

第五节　财政与金融

佛得角实行属地税法，税收体系比较完善，但财政赤字居高不下。佛得角的金融体系发展得较好，官方货币为埃斯库多。佛得角国家银行是佛得角的中央银行。此外，佛得角还拥有多家商业银行，89.1% 的人有银行账户。

一　税收体系和制度

由于历史原因，佛得角的税收体系与葡萄牙类似，并且比较完善。目前，佛得角已形成以所得税和增值税为核心的税收体系。除了在地方税上略有差异外，佛得角实行全国统一的税收制度。外国公司和外国人与佛得角的法人和自然人一样，同等纳税。佛得角国内共有 9 个税种，包括 6 种直接税和 3 种间接税。直接税包括公司所得税、个人所得税、民法交易税、房地产税、交通工具税和遗产赠与税；间接税包括增值税、消费税和博彩税。

此外，根据佛得角 1991 年新的《海关法》，产品的进口关税税率大部分在 0% ~ 20%，如表 4 - 8 所示。

表 4 - 8　佛得角主要商品的进口关税税率

单位：%

商品名称	关税税率	商品名称	关税税率
矿物原材料	0	电子产品	0 ~ 10
农产品	5 ~ 30	自行车、摩托车	15 ~ 30
冶金产品	0 ~ 12	汽车	30
纺织品、服装	5 ~ 10	玩具	0 ~ 10
鞋	5 ~ 10	打火机	0 ~ 10
陶瓷、玻璃制品	5 ~ 10	光学仪器	0 ~ 10

注：税率为海关税，商品进关时除按上述税率缴税外，还需要缴纳 15% 的增值税（IVA）。

资料来源：《对外投资合作国别（地区）指南·佛得角》（2012 年版），http：// fec. mofcom. gov. cn/article/gbdqzn/。

根据佛得角国家银行公布的政府预算数据，2006 ~ 2015 年佛得角财政赤字占 GDP 比重波动较大，最低的年份为 2007 年，占 GDP 的 1.2%；最高的年份为 2010 年，占 GDP 的 10.5%（见表 4 - 9）。总体而言，财政赤字占 GDP 的比重平均为 6.13%。

表 4 - 9　2006 ~ 2015 年佛得角财政赤字占 GDP 百分比

单位：%

年份	2006	2007	2008	2009	2010	2011	2012	2013	2014	2015
占比	3.3	1.2	1.6	5.8	10.5	7.7	10.3	9.3	7.5	4.1

资料来源："Cape Verde Government Budget 2002 - 2016," http：//www. tradinge-conomics. com/cape-verde/government-budget。

根据 2014 年的国家预算，佛得角财政总支出为 578. 59 亿埃斯库多，其中行政运行费用为 355. 2 亿埃斯库多，公共投资为 223. 39 亿埃斯库多；财政总收入为 446. 23 亿埃斯库多；赤字为 132. 36 埃斯库多；赤字率为 7. 5% （见表 4 – 10）。

表 4 – 10　2010 ~ 2014 年佛得角财政收支

单位：亿埃斯库多

年份	2010	2011	2012	2013	2014	2015
收入	424	379. 2	350. 5	372. 6	446. 23	340
支出	571	496. 5	501. 2	494. 7	578. 59	600
差额	– 147	– 117. 3	– 150. 7	– 122. 1	– 132. 36	– 260

资料来源：佛得角财政部网站资料；中华人民共和国驻佛得角共和国大使馆经济商务参赞处网站，http：//cv. mofcom. gov. cn/article/jmxw/201312/20131200445373. shtml；《佛得角政府宣布减低公债措施》，https：//macauhub. com. mo/zh/2016/08/24/cabo – verde – government – announces – measures – to – reduce – public – debt/。

二　金融政策

独立后，佛得角的政治局势一直比较稳定，金融环境得到较大改善，外汇管制逐渐放宽。佛得角《外汇法》规定，埃斯库多在当地银行可自由兑换外币。欧元为佛得角的保证货币，欧元对埃斯库多的汇率是固定的。在佛得角注册的外国企业可以在佛得角银行开设外汇账户，用于进出口结算。

1914 年，埃斯库多取代里尔（Real）成为佛得角的官方货币。1975 年佛得角独立后，规定佛得角埃斯库多与葡萄牙埃斯库多等值；1999 年后变更为 1 葡萄牙埃斯库多等于 0. 55 佛得角埃斯库多，或者 1 佛得角埃斯库多等于 1.8182 葡萄牙埃斯库多。葡萄牙加入欧元区后，1 欧元等于 110.265 佛得角埃斯库多。[①]

佛得角发行硬币和纸币。2014 年，佛得角政府批准的新纸币进入流通。新钞分为 200 埃斯库多、500 埃斯库多、1000 埃斯库多、2000 埃斯库多和 5000 埃斯库多，发行新钞是为了纪念对世界文化和政治产生重要影响的佛得角人，包括已故女歌手西莎莉亚·艾芙拉和佛得角第一任总统阿里斯蒂德·佩雷拉。[②]

由表 4-11 可知，2009~2015 年，佛得角埃斯库多对美元汇率总体呈上升趋势。

表 4-11　2009~2015 年佛得角埃斯库多对美元汇率

单位：佛得角埃斯库多/美元

年份	2009	2010	2011	2012	2013	2014	2015
汇率	79.38	83.26	79.32	85.82	83.05	83.11	99.43

资料来源：世界银行数据库，http://data.worldbank.org.cn/。

三　主要金融机构

佛得角国家银行（BCU）是佛得角的中央银行，负责制定金融政策、实施金融监管、确定汇率、印制货币等。

2010 年，佛得角共有 6 家商业银行，如大西洋商业银行、环大西洋银行、经济银行、非洲投资银行、新银行等，其中 3 家是葡萄牙银行的分部，在佛得角 20 个城市中共建有 91 家分行。大

[①] Patrick Imam, "Introducing the Euro as Legal Tender-Benefits and Costs of Eurorization for Cape Verde," *IMF Working Paper*, July 2009.

[②] 《佛得角新钞票本月开始流通》，http://www.macauhub.com.mo/cn/2015/01/02/佛得角新钞票本月开始流通。

西洋商业银行（Banco Comercial do Atlantico，BCA）是佛得角最大的商业银行，于 1993 年成立，其资本占佛得角金融资本的一半以上。虽然大西洋商业银行的主要资本来自政府，但其独立于佛得角国家银行。

佛得角 89.1% 的人有银行账户，这一比例在撒哈拉非洲国家中是最高的。按照地区标准来看，佛得角的金融体系发展得较好（如表 4 - 12 所示），2015 年，每 10 万成年人拥有的商业银行分支机构数为 33.9 个，拥有的自动取款机数为 46.2 个（见表 4 - 12）。

表 4 - 12　2011 ~ 2015 年佛得角商业银行分支机构和
自动取款机数量（每 10 万成年人）

单位：个

年份	2011	2012	2013	2014	2015
商业银行分支机构数	30.7	34.5	34.4	34.0	33.9
自动取款机（ATM）数	44.59	46.92	46.36	47.72	46.2

资料来源：世界银行数据库，http：//data. worldbank. org. cn/。

1999 年，佛得角证券交易所（Bolsa de Valores de Cabo Verde，BVC）首次开业，但曾停业 7 年，于 2005 年恢复运营，维里西莫·平托一直担任证券交易所所长。佛得角证券交易所是佛得角唯一一家证券交易市场，经营股票、债券交易。根据佛得角证券交易所年度报告，2016 年底佛得角证券交易所市值为 677.75 亿埃斯库多（折合 6.46 亿美元），年均增长率为 8.5%。[①]

---

① 《佛得角证券交易所 2016 年底市值 6.46 亿美元》，https：//macauhub. com. mo/zh/2017/
02/23/cabo - verde - stock - exchange - ends - 2016 - with - market - capitalisation - of -
us646 - million/。

第六节　旅游业

旅游业被认为是佛得角经济中真正具有战略意义的行业，一直是佛得角经济增长的动力，有望成为国家经济发展的支柱。2013 年，旅游业产值约占佛得角国内生产总值的 42.9%，旅游业就业人数占全国总就业人数的 38.4%，游客消费占出口总额的 76.7%。2016 年，佛得角旅游业聘用员工 7742 人，同比增长 20.5%。[①]

佛得角有迷人的沙滩、翠绿的山峦、蔚蓝的大海、巍峨的高山、整洁的街道、独特的文化，再加上政治稳定、政府廉洁，因此受到海外游客青睐，被称为"非洲的加勒比"。世界旅行和旅游理事会（WTTC）研究报告（2014～2024 年）称，佛得角将是未来十年发展最快的十大旅游目的国之一。[②] 英国《每日邮报》也认为，在 50 个预期未来十年内最受游客追捧的发展中国家排行榜上，佛得角位列第 10。[③]《国家地理》杂志在其发行的一期中确定了 2014 年"必看的旅游目的地"，佛得角被列为 21 个目的地之一。

2011 年，佛得角共接待游客 47.5 万人，其中博阿维斯塔岛、萨尔岛和圣地亚哥岛接待游客最多，分别占 47.2%、42.9% 和 4.6%。旅游业产值占 GDP 的比重达到 21%，首次超过侨汇收入。[④] 2012 年，佛得角接待游客人数增至 53.4 万人，2013 年佛得角吸引游客

① 参见世界银行数据库，http：//data. worldbank. org. cn/。

② 《佛得角旅游业数字预计激增》，http：//www. macauhub. com. mo/cn/2014/06/26/佛得角旅游业数字预计激增/。

③ 《预期佛得角将成未来十年最受追捧旅游热点之一》，http：//www. macauhub. com. mo/cn/2014/06/10/预期佛得角将成未来十年最受追捧旅游热点之一/。

④ 《佛得角酒店数量增至 195 家》，http：//finance. ifeng. com/roll/20120327/5815035. shtml。

总数约 60 万人次，① 2014 年共接待旅客 54 万人次。② 2016 年，佛得角共接待游客 64.4 万人次，较 2015 年增加 7.5 万人次。③ 英国、法国和葡萄牙等欧洲国家是佛得角最大的游客来源国。

为了推动旅游业的发展，佛得角从三个方面着手。首先，精简机构。2015 年 9 月，佛得角政府将投资局和旅游局合并，创建了佛得角旅游和投资局（ATIC），以减少机构的运营成本。佛得角旅游和投资局总部设在普拉亚，并有三个独立的中心——北部区域中心管辖圣维森特岛、圣尼古拉岛、圣安唐岛和圣卢西亚岛等岛；中央区域中心管辖萨尔岛和博阿维斯塔岛等岛；南部区域中心管辖圣地亚哥岛、马尤岛、福古岛和布拉瓦岛等岛。④

其次，佛得角大力发展基础设施，如扩建和翻修机场、港口。近几年佛得角旅游基础设施发展迅速，酒店数量迅速增加，设备日益完善。2013 年，佛得角的酒店增至 222 家，有客房 9058 间、床位 1.6 万张。截至 2016 年底，佛得角共有旅馆酒店 223 家，床位 18382 张，圣地亚哥岛有 50 家（占 21.5%），其次是圣安唐岛（42 家，占 18%），圣森特岛（41 家，占 17.6%），萨尔岛（29 家，占 12.4%）。⑤

最后，加强对从业人员的培训。为了弥补佛得角旅游部门缺乏

① 《2011 年佛得角旅游业务量增长》，http：//www. macauhub. com. mo/cn/2012/06/28/2011 年佛得角旅游业务量增长/。
② 《2014 年佛得角接待旅客达 54 万人次》，http：//www. macauhub. com. mo/cn/2015/02/25/2014 年佛得角接待旅客达 54 万人次/。
③ 《2016 年佛得角旅游业实现快速增长》，中华人民共和国驻佛得角共和国大使馆经济商务参赞处网站，http：//cv. mofcom. gov. cn/artide/jmxw/201703/20170302527116. shtml。
④ 《佛得角政府设立旅游和投资局》，http：//www. macauhub. com. mo/cn/2015/09/07/佛得角设立旅游和投资局/；《佛得角》，吉林省外事侨务办公室网站，http：//wb. jl. gov. cn/hqgl/gggk/fz/201409/t20140925_1756523. html。
⑤ 《截至 2016 年底佛得角有酒店 223 家》，http：//macauhub. com/mo/zh/2017/03/16/。

合格的工作人员的缺陷，2011 年佛得角与卢森堡合资成立了佛得角酒店与旅游管理学院（EHTCV）。[①]

旅游业是佛得角吸引外资最多的行业，外资主要集中于萨尔岛、圣地亚哥岛、圣维森特岛以及博阿维斯塔岛，主要投资于豪华酒店、度假村、高尔夫球场、水上乐园、会议中心、潜水设施、深海捕鱼以及生态旅游等。

随着旅游业的发展，2012 年佛得角开始征收旅游税，标准为每晚 220 埃斯库多（合 2 欧元）。

第七节　对外经济关系

由于经济基础薄弱，对外贸易、外资、外援乃至侨汇在佛得角经济生活中扮演着重要的角色。佛得角 80% 以上的日常生活用品如粮食、布匹、日用百货等以及全部机械设备和建筑材料、燃料等均依靠进口，主要的贸易伙伴为欧洲国家，外资、外援和侨汇等主要来源于欧美。

一　对外贸易

佛得角政府奉行以市场经济为主导的外向型经济政策，外贸在国家经济生活中扮演着非常重要的角色。如表 4－13 所示，1990～2015 年，贸易额占国民生产总值的比例都在 70% 以上，2006 年甚至高达 118%。佛得角可供出口的产品则十分有限，年出口额一般

---

① 《佛得角酒店和旅游学校是与卢森堡合作"优秀"例子》，http：//www.macauhub.com.mo/cn/2014/03/06/佛得角酒店和旅游学院是与卢森堡合作"优秀"例子/。

只有进口额的 5% ~ 7%，有时只有 2%。佛得角的出口商品以海鱼、甲壳类和软体动物为主（占 51.0%），其次是鱼罐头（占 29.2%），此外还出口少量的食盐、香蕉、咖啡、火山灰和鞋类等。常年的巨大贸易逆差是佛得角外贸的一个基本特点。逆差通常靠侨汇、国外贷款和援助来弥补。

表 4 - 13　1980 ~ 2016 年佛得角贸易额占国内生产
总值（GDP）比例

单位：%

年份	比例	年份	比例	年份	比例	年份	比例
1980	84	1990	86	2000	88	2010	94
1981	92	1991	81	2001	92	2011	100
1982	102	1992	84	2002	101	2012	100
1983	102	1993	60	2003	99	2013	95
1984	100	1994	72	2004	102	2014	77
1985	102	1995	78	2005	104	2015	57
1986	93	1996	75	2006	118	2016	53
1987	83	1997	86	2007	102		
1988	76	1998	82	2008	99		
1989	81	1999	81	2009	88		

资料来源：1980 ~ 2013 年的数据来自世界银行数据库，http：//data. worldbank. org. cn/；2014 ~ 2016 年的数据由作者计算得出。

与货物贸易不同的是，佛得角的服务贸易是重要的创汇部门。由于旅游业的发展，佛得角的服务贸易持续顺差，2015 年顺差高达 2.12 亿美元（见表 4 - 14）。

表 4 – 14　2005 ~ 2015 佛得角货物贸易和服务贸易

单位：百万美元

项目 ＼ 年份	2005	2010	2014	2015
货物贸易出口	18	44	81	(e)54
货物贸易进口	438	742	772	606
进出口差	– 421	– 698	– 691	(e) – 553
服务贸易出口	277	507	632	518
服务贸易进口	215	308	369	306
进出口差	62	199	264	212

注：e 表示估计值。

资料来源：http：//unctadstat. unctad. org/countryprofile/General Profile/en – GB/
132/index. html。

　　2016 年，佛得角进出口总额为 843. 11 亿埃斯库多（约合 8. 43
亿美元），同比增长 3. 6%。其中，出口 59. 66 亿埃斯库多（约合
0. 6 亿美元），同比下降 10. 2%；再出口 119. 61 亿埃斯库多（约合
1. 20 亿美元），同比下降 18. 4%；进口 663. 84 亿埃斯库多（约合
6. 64 亿美元），同比增长 10. 5%；贸易逆差 604. 18 亿埃斯库多
（约合 6. 04 亿美元），同比增长 13%。[①]

　　如表 4 – 15 所示，葡萄牙、荷兰、巴西、西班牙、意大利、
美国是佛得角的主要贸易伙伴。从全球来看，欧盟仍是佛得角最

---

① 《2016 年佛得角对外贸易总额上升，但从中国进口贸易额下降》，中华人民共和国驻佛
得角共和国大使馆经济商务参赞处网站，http：//cv. mofcom. gov. cn/article/sqfb/
201704/20170402552490. shtml。

大的贸易伙伴。2016 年，佛得角向欧洲国家出口 58.13 亿埃斯库多（约合 0.58 亿美元），同比下降 2.3%，占出口总额的97.4%；进口 524.19 亿埃斯库多（约合 5.24 亿美元），同比增长 15.2%，占进口总额的 79.0%。2016 年，佛得角从中国进口31.77 亿埃斯库多（约合 0.32 亿美元），同比下降 4.7%，占其进口总额的 4.8%。[①]

欧洲国家中，西班牙是佛得角最大的出口市场，占 2013 年出口总额的 56%；紧随其后的葡萄牙占出口总额的 19.4%。进口方面，欧洲仍是佛得角进口的主要来源地，占同期进口总额的80.8%。葡萄牙是佛得角最大的进口来源国，2013 年葡萄牙占佛得角进口总额的 33.5%；荷兰紧随其后，占 25.2%。[②] 2016 年，西班牙仍是佛得角最大的出口国，占佛得角出口总额的 72.5%，葡萄牙占第二位（19.2%）。欧洲仍是佛得角进口的最大供应方，占佛得角进口总额的 79%，其中葡萄牙占 46.5%，西班牙居第二位，占 11.3%。[③] 近年来，中国对佛得角出口稳步增加，两国间的经济联系日益密切，2015 年佛得角对中国的进口额占其进口总额的 6.2%。

---

① 《2016 年佛得角对外贸易总额上升，但从中国进口贸易额下降》，中华人民共和国驻佛得角共和国大使馆经济商务参赞处网站，http://cv.mofcom.gov.cn/article/sqfb/201704/20170402552490.shtml。

② 《佛得角 2014 年贸易赤字恶化》，http://www.macauhub.com.mo/cn/2015/01/29/佛得角2014年贸易赤字恶化/。

③ 《2016 年佛得角外贸进口上升和出口下降各一成》，中华人民共和国驻佛得角共和国大使馆经济商务参赞处网站，http://cv.mofcom.gov.cn/article/i/jyjl/k/201702/20170202509268.shtml。

表 4－15　2014～2015 年佛得角主要贸易伙伴

单位：%

主要出口目的国	占出口总额百分比		主要进口来源国	占进口总额百分比	
	2014 年	2015 年		2014 年	2015 年
西班牙	59	40	葡萄牙	37	42
葡萄牙	14	23	荷　兰	14	11
意大利	4.3	1.9	西班牙	8.6	7.6
摩洛哥	5.7	2.6	中　国	5.3	6.2
荷　兰	0.25	8.4	巴　西	3.1	3.6
美　国	1.7	0.72	比利时	3.8	2.8

资料来源：http：//atlas. media. mit. edu/en/visualize/tree＿map/hs92/export/cpv/ show/all/2014/。

2008 年，佛得角成为 WTO 第 153 个成员，也是西非国家经济共同体成员国，以及美国《非洲增长与机遇法案》、"加拿大与不发达国家谅解协议"的受惠国，向欧盟、美国、加拿大、西非国家经济共同体其他成员国出口时享受免、减关税等优惠。受益于"普惠制"（Generalized System of Preference），许多发达国家都给予佛得角出口关税优惠。

二　外国投资

佛得角地理环境优越，政治稳定，社会治安良好，重视吸引外资，政策透明度高，在争取国际社会援助的同时加强基础设施建设，劳动力素质技能高于邻近国家，且实行吸引外资的优惠政策。根据世界银行的统计资料，1987～1994 年，流入佛得角的外资较少, 在 GDP 中所占的份额微乎其微, 平均每年外国直接投资 (FDI) 净流入为 101.65 万美元, 不及 GDP 的 1%。但是, 随着佛得角对旅游业和基础设施的投入以及佛得角私有化进程的推进, 流入佛得角的外资迅速增加。1995 年, 外资流入在 GDP 中所占比重达到 5.4%。佛得角继续通过加速推进经济体制改革来吸引更多的外资, 2009 ~ 2015 年, 外资流入在 GDP 中所占的比重分别是 7.4%、7.0%、5.5%、7.8%、5.1%、7.1%、4.8% (见表 4 - 16)。

2008 年, 佛得角外资净流入为 2.1 亿美元, 但此后受到金融危机的影响, 流入佛得角的外商直接投资逐步减少。2009 年为 1.2 亿美元, 2010 年为 1.1 亿美元, 2011 年为 1 亿美元, 2012 年为 1.4 亿美元, 2013 年为 0.9 亿美元, 2014 年为 1.3 亿美元 (见表 4 - 16)。

佛得角的对外投资比较少, 2010 年之前, 佛得角几乎没有对外投资。2011 年后, 随着经济的发展, 佛得角逐渐出现了少量的对外投资。2011 ~ 2015 年, 佛得角的对外直接投资占 GDP 的比重分别为 0.1%、0.6%、1.8%、0.7%、- 1.0%。[1]

佛得角吸纳外资最多的行业是旅游业, 此外还有银行业、金融业、房地产业、服装业和建筑业。外资主要流向旅游业比较发达的岛屿, 如萨尔岛、博阿维斯塔岛和圣维森特岛。近年来, 外资也开始转向圣地亚哥岛。

佛得角外资来源国主要有英国、法国、葡萄牙、意大利等。

---

[1] 参见世界银行数据库, http://data.worldbank.org.cn/。

表 4 - 16　2009～2015 年佛得角 FDI 净流入

单位：亿美元，%

年份	2009	2010	2011	2012	2013	2014	2015
FDI 净流入	1.2	1.1	1.0	1.4	0.9	1.3	0.8
FDI 净流入占 GDP 的百分比	7.4	7.0	5.5	7.8	5.1	7.1	4.8

资料来源：世界银行数据库，http：//data. worldbank. org. cn/。

三　外援、外债与侨汇

（一）外援

由于经济落后，工农业基础都比较薄弱，粮食和工业产品都不能自给，佛得角采取积极争取外援的政策，因此外国援助在佛得角国民经济中发挥着举足轻重的作用。

据经济合作与发展组织统计，2012 年佛得角共接受外援 2.5 亿美元，主要援助国为葡萄牙（1.61 亿美元）、欧盟（2200 万美元）、日本（2000 万美元）、卢森堡（1700 万美元）、西班牙（1100 万美元）、世界银行与国际开发协会（900 万美元）、美国（700 万美元）等。[①]

2009～2015 年，佛得角接受的人均官方发展援助达 400 多美元，已收到的官方发展援助净额占 GNI 的百分比在 9.9%～20.6%（见表 4 - 17）。

---

① 参见中华人民共和国外交部网站，http：//www. fmprc. gov. cn/mfa_ chn/gjhdq_603914/gj_603916/fz_605026/1206_605318/。

表 4 – 17　2009 ~ 2015 年佛得角接受的官方发展援助

年份	2009	2010	2011	2012	2013	2014	2015
已收到的净官方发展援助（亿美元）	2.0	3.3	2.5	2.5	2.4	2.3	1.5
已收到的人均官方发展援助（ODA）净额（现价美元）	402	569	509	491	480	450.3	293.1
已收到的官方发展援助（ODA）净额占 GNI 的百分比（%）	11.7	20.6	14.1	14.7	13.7	12.9	9.9

资料来源：世界银行数据库，http://data.worldbank.org.cn/。

　　佛得角政府为了不让人民养成依赖思想，没有采取简单施舍救济的办法，而是采用了一种独特的 "以工代赈" 的方式。佛得角利用获得的国外救济进行基础设施建设，让民众参加筑路、植树、修水利等公益劳动，用劳动获得的报酬购买粮食和日用品。这一做法既兴建了基础设施，如公路、水利设施以及防止土壤沙化的设施，又可以防止腐败现象滋生，积极有效地把外国援助和国内建设结合起来。因此，佛得角被西方援助者誉为 "外援二次利用的典范"。[①]

　　（二）外债

　　根据世界银行的统计，佛得角的外债存量近年来迅速增加，从2009 年的 7.26 亿美元上升到 2015 年的 15.20 亿美元，外债存量占国民总收入的比重也从 2009 年的 43.6% 上升到 2015 年的 97.7%（见表 4 – 18）。外债主要来自非洲发展银行、世界银行和葡萄牙等国际组织和国家，以中长期外债为主。在美国《福布斯》杂志公

---

　　①　参见欧玉成《大西洋岛国佛得角廉洁的奥秘》，《决策与信息》2000 年第 5 期。

布的最新公共债务占国内生产总值最高百分比国家名单中，佛得角
排名第 9。2014 年，佛得角公共债务总数达到 1771.38 亿埃斯库多
（合 16.1 亿欧元），相当于 GDP 的 112%。其中，公共内债 424.27
亿埃斯库多（合 3.86 亿欧元），相当于 GDP 的 27%；公共外债
1347.11 亿埃斯库多（合 12.24 亿欧元），相当于 GDP 的 85%。
2014 年，佛得角公共债务利息高达 35.45 亿埃斯库多（合 3223 万
欧元），占当年财政收入（269.41 亿埃斯库多，合 2.43 亿欧元）
的 13%。① 因为公共债务增速超过预期，佛得角维持债务的风险增
加。2014 年 3 月，国际信用评级机构惠誉（Fitch Ratings）决定将
佛得角的公共债务评级由 BB - 下调两个等级至 B。

表 4 - 18　2009 ~ 2015 年佛得角外债

年份	2009	2010	2011	2012	2013	2014	2015
外债总额存量（亿美元）	7.26	8.92	10.39	12.45	14.86	15.42	15.20
外债存量占 GNI 的百分比（%）	43.6	56.1	58.0	74.2	83.8	86.4	97.7

注：外债总额是指拖欠非居民的以外币、货物或服务形式偿付的债务，是公共
债务、公共担保债务和私人无担保长期债务、国际货币基金组织贷款和短期债务的
总和。短期债务包括所有原定偿还期一年（含）以下的所有债务和长期债务的拖欠
利息。表中数据按现价美元计。

资料来源：世界银行数据库，http://data.worldbank.org.cn/。

（三）侨汇

佛得角在美国、安哥拉、葡萄牙和荷兰等国有大量侨民。佛得角
独立后，佛得角侨民继续向佛得角汇款，移民汇款成为佛得角外汇的

---

① 《佛得角公共债务超过 16 亿欧元，负债占 GDP 比重达 112%》，中华人民共和国商务部
网站，http://www.mofcom.gov.cn/article/i/jyjl/k/201504/20150400957653.shtml。

最主要来源，这使其成为撒哈拉非洲国家中接受侨汇最多的国家之一。尽管过去十年里佛得角的移民汇款持续下降，但它仍然是佛得角经济中外部筹资的最重要来源。根据世界银行的统计，2008 年佛得角官方登记的侨汇收入为 1.55 亿美元，相当于 GDP 的 9.9%，多数来自葡萄牙、法国、美国和荷兰。但是，受 2008 年世界金融危机的影响，2009 年佛得角侨汇收入下降至 1.38 亿美元，2010 年进一步降至 1.33 亿美元，2011 年侨汇收入有所增加，达到 1.78 亿美元，2012 年为 1.78 亿美元，2013 年为 1.76 亿美元，2014 年为 1.97 亿美元，2015 年为 2.01 亿美元。

佛得角政府历来重视与海外侨民的联系，成立了海外移民事务部（Ministry for Diaspora Affairs），并且通过立法使佛得角海外侨民能够参加议会选举投票。佛得角议会中有 6 个席位是专门留给海外侨民的，代表海外侨民的利益。很多佛得角侨民退休后返回佛得角定居。

第五章

社　会

佛得角生存环境恶劣，干旱少雨，基本"靠天吃饭"。独立前，佛得角医疗条件落后，卫生服务短缺，人民生活困苦。独立后，经历数十年的发展，佛得角人民的生活水平有了很大提高，普遍高于大多数非洲大陆国家。目前，佛得角政治稳定，社会治安良好，犯罪率较低。根据联合国开发计划署公布的《2016人类发展报告》，2015年佛得角的人类发展指数在187个国家中排第132位。

第一节　国民生活

独立后，佛得角经过数十年的发展，已成为中等收入国家，人民生活水平逐步提高，但物价昂贵，通货膨胀率波动幅度较大，失业率维持在9%左右。佛得角普遍实行休假制度，佛得角人每年可享受一个月带薪假。

一　概况

由于资源匮乏、旱灾严重、生存环境恶劣，独立前佛得角人民生活十分困苦；独立后佛得角政府带领人民励精图治，利用丰富的旅游、航运和渔业资源，以及海外侨民寄回的大量外汇，经过数十年的发展后，人民生活水平逐步提高，即便自然条件恶劣，佛得角人的日子仍过得还算富足，2008 年佛得角已成功进入中等收入国家行列。

佛得角虽存在较大的贫富差距，但当地居民生活水平普遍高于大多数非洲大陆国家。私人汽车、住房以及家用电器有相当高的普及率。居民手中的货币除了从国外购买电器、汽车等工业产品外，主要投向住宅建设，在佛得角随处可以看到处于建设中的房屋和饭店。

佛得角政府比较清廉，在重要社会问题上奉行开明政策，因而在社会生活中发挥着非常重要的作用。2011 年 12 月，根据非政府组织透明国际（Transparency International，TI）发布的报告，在透明国际清廉指数排行榜上，佛得角的得分为 5.5 分，在 176 个国家中排第 41 位，是排名最靠前的葡语国家之一，① 2012 年其排名上升至第 39 位。②

佛得角的基础设施比较落后。近年来，佛得角对基础设施的投入不断加大，交通运输网络、港口设施的运营能力等都得到了较大改善，但电力、淡水供应、航运仍不能满足需求，交通成本和生活成本居高不下。

根据联合国开发计划署公布的《2014 人类发展报告》，2013年佛得角人均预期寿命为 75.1 岁。全国 30% 的家庭有电脑，80% 的家庭有电视，60.3% 的家庭有自来水，87% 的家庭有电力供应。

2013 年，佛得角几乎所有的电信业务都获得增长，除了固定

---

① 透明国际调查了 183 个国家和地区，评分范围为 0 分至 10 分，0 分为严重腐败，10 分为没有腐败。参见《葡萄牙和佛得角是透明国际清廉指数排名最佳的葡语国家》，http://www.macauhub.com.mo/cn/2011/12/02/。

② African Development Bank，"Cabo Verde: Country Strategy Paper 2014 – 2018," http://www.afdb.org/en/consultations/closed-consultations/cape-verde-country-strategy-paper-2014 – 2018/，p. 4.

网络电话。固定网络电话用户数由 2012 年的 7 万户跌至 2013 年的 6.6 万户，同比下降 5.7%。全国手机用户由 2012 年的 46.6 万户增加至 49.9 万户，同比上升 7.1%，其中 3G 网络用户达 23.4 万户，移动电话普及率达 97%。收费电视虽然获得了 20% 的增长，但市场普及率仅为 2%。[①] 互联网业务方面，据 2014 年 12 月 6 日《佛得角周报》援引的国际电信联盟（International Telecommunication Union）公布的报告，2014 年佛得角互联网使用普及率由 2013 年的 37.5% 升至 40.3%（见表 5 - 1），在非洲国家中居第 9 位；在葡语国家中，仅次于葡萄牙（62.1%）和巴西（51.6%），居第 3 位。[②]

表 5 - 1 2004 ~ 2015 年佛得角互联网使用者比例

单位：%

年份	2004	2005	2006	2007	2008	2009	2010	2011	2012	2013	2014	2015
比例	5.3	6.1	6.8	8.3	14.0	21.0	30.0	32.0	34.7	37.5	40.3	43.0

资料来源：世界银行数据库，http://data.worldbank.org.cn/。

二 就 业

佛得角的失业率较高，1993 年为 9.7%，2014 年为 9.2%。近 20 年来，佛得角的失业率都维持在 9% 左右。就业是佛得角政府最关心的问题之一，政府致力于吸引外资，刺激国内生产，鼓励企业

---

① 《佛得角 2013 年移动电话渗透率达 97%》，http://www.macauhub.com.mo/cn/2014/04/01/佛得角 2013 年移动电话渗透率达 97%/。
② 《佛得角互联网使用普及达 37.5%》，中华人民共和国驻佛得角共和国大使馆经济商务参赞处网站，http://cv.mofcom.gov.cn/article/jmxw/201412/20141200824550.shtml。

进行生产经营活动，以提高就业率。

佛得角女性失业率高于男性失业率。长期以来，佛得角女性失业率比较高，且波动幅度较大。1998 年，佛得角女性失业率高达 21.8%，而男性失业率基本维持在 8.1%（见表 5 - 2）。

表 5 - 2　1993 ~ 2014 年佛得角失业率

年份	1993	1998	2003	2008	2013	2014
劳动力总数（人）	124563	147641	178055	215461	238363	244001
女性失业率（%）	12.2	21.8	12.0	11.7	11.3	11.4
男性失业率（%）	8.2	8.1	8.1	8.0	7.6	7.7
总失业率（%）	9.7	9.6	9.6	9.4	9.0	9.2

资料来源：世界银行数据库，http：//data. worldbank. org. cn/。

2015 年，佛得角失业人数为 27599 人，失业率为 12.4%，但 2016 年上升为 36955 人，失业率为 15%，与 2015 年相比减少了 1 万个工作岗位。[1]

三　收入

（一）工资和最低工资标准

2009 年的资料显示，佛得角企业工人平均月工资为 20 康托[2]，一般技术人员为 35 康托，高级管理人员在 50 ~ 90 康托。2009 年以前，佛得角不规定最低工资，工资由各企业自行确定。一个佛得角人如果在一家企业工作满一年，年终可以得到相当于个人年工资

---

[1] 《2016 年佛得角失业率上升至 15%，第四季度 GDP 同比增长 3.9%》，中华人民共和国驻佛得角共和国大使馆经济商务参赞处网站，http：//cv. mofcom. gov. cn/article/jmxw/201704/20170402546260. shtml。

[2] 1 康托（Conto）= 1000 埃斯库多

收入 1/12 的奖金。佛得角普遍实行休假制度，每人每年可享受一个月带薪假。一般公务人员多在 8～9 月休假。政府机关、医院、银行等机构周末不上班，一般的商业机构也仅在周六上午开门营业。实行每天 8 小时工作制。

但是，随着社会的发展和人民生活水平的提高，不设最低工资标准的做法日渐遭到佛得角人的质疑和挑战。佛得角自由工会联合会要求制定全国最低工资标准，并定期进行调整，以保持购买力的稳定，满足工人的基本需求。为此，2009 年 2 月，政府与工会讨论制定了全国最低工资标准，但未能就是制定行业最低工资标准还是制定范围更广的全国最低工资标准达成一致意见。[1]经过几年的酝酿和讨论，最后佛得角社会对话委员会于 2013 年批准了首个最低工资标准，规定每月最低工资为 11000 埃斯库多（合 100 欧元）。[2]

（二）收入分配

佛得角国内贫富差距较大。根据世界银行的统计，2001 年佛得角最富有的 10％ 的人口掌握着全国 42.6％ 的财富，而收入最低的 10％ 的人口仅占有全国 1.6％ 的财富，贫富悬殊，基尼系数高达0.525。2007 年，佛得角国内贫富悬殊现象略有改善，基尼系数有所下降，但仍然高达 0.472 （见表 5-3）。[3] 2017 年，佛得角按国家贫困线衡量的贫困人口比例高达 26.6％ （见表 5-4）。

---

① 《佛得角：政府与社会合作伙伴讨论制定全国最低工资标准》，http：//www.macauhub.com.mo/cn/2009/02/23/6604/佛得角：政府与社会合作伙伴讨论制定全国最低工资标准/。
② 《佛得角第一次设定的最低工资为 100 欧元》，http：//www.macauhub.com.mo/cn/2013/07/01/佛得角第一次设定的最低工资为 100 欧元/。
③ 参见世界银行数据库，http：//data.worldbank.org.cn/。

表 5 – 3　2001 年、2007 年佛得角收入差距

单位：%

年份	2001	2007
最高 20% 占有的收入份额	58	53.3
最低 20% 占有的收入份额	4.2	5.0
最高 10% 占有的收入份额	42.6	37.1
最低 10% 占有的收入份额	1.6	2.0
基尼系数	0.525	0.472

资料来源：世界银行数据库，http：//data.worldbank.org.cn/。

表 5 – 4　2007 年佛得角贫困人口比例

按国家贫困线衡量的贫困人口比例（%）	26.6
按农村贫困线衡量的贫困人口比例（%）	44.3
按城市贫困线衡量的贫困人口比例（%）	13.2

资料来源：世界银行数据库，http：//data.worldbank.org.cn/。

四　物价

佛得角国小民寡，干旱少雨，资源匮乏，资金短缺，工农业生产能力差，本国生产的粮食、蔬菜和肉类等不能满足国内需求，需要进口，因此物价昂贵。

同时，佛得角的物价波动幅度很大，比如，1993 年佛得角通货膨胀率高达 49.4%，而 1994 年则降至 – 29.2%（见表 5 – 5）。这一方面是由于佛得角易受气候的影响，基本上是"靠天吃饭"，风调雨顺时可以丰产，产品供应基本满足需求，此时物价上涨幅度不大，但是如果遇上干旱等自然灾害，佛得角的物价就会非常高；另一方面是由于佛得角经济严重依赖国际市场和国际援助，物价易受到国际市场的影响。

2013 年，佛得角通货膨胀率为 3.4%，价格上涨的商品主要有燃气、蔬菜、肉和肉制品，价格下降的商品主要有燃油、润滑油、蔗糖、水果糖、饼干、鱼货、珠宝、手表等。

表 5 - 5　1981~2016 年佛得角通货膨胀率

单位：%

年份	通胀率	年份	通胀率	年份	通胀率	年份	通胀率
1981	9.6	1990	2.3	1999	7.6	2008	3.5
1982	17.4	1991	4.8	2000	-7.9	2009	2.2
1983	10.6	1992	-4.1	2001	5.1	2010	0.5
1984	8.8	1993	49.4	2002	-0.3	2011	2.7
1985	3.7	1994	-29.2	2003	4.9	2012	0.6
1986	17.7	1995	-1.5	2004	-6.3	2013	3.4
1987	7.0	1996	-0.5	2005	-1.7	2014	-0.24
1988	5.4	1997	-0.8	2006	4.6	2015	0.1
1989	3.6	1998	-0.3	2007	8.8	2016	1.4

资料来源：世界银行数据库，http://data.worldbank.org.cn/。

佛得角民众生活中重要的支出是能源支出。由于能源短缺，佛得角的燃料全部依赖进口，从而使运输成本和电力成本居高不下。为此，佛得角政府多方筹措资金，发展太阳能和风能等可再生能源，以满足国内生产生活需要。

根据佛得角官方统计，2010 年，87.2% 的人用上了电。在农村地区，仍有 40% 的人把木材作为燃料。2009 年，佛得角政府实施全国能源计划，在农村地区推广使用沼气。为了减少对进口石油的依赖，佛得角政府还支持使用可再生能源（如风能和太阳能）。2009 年 12 月，佛得角政府与两家外国公司在圣地亚哥岛、圣维森特岛、萨尔岛和博维斯塔岛建设了 4 个风力发电场,可为佛得角提供 1/4 的电力。2010 年 3 月,英国提供 2600 万英镑支持佛得角研发用来发电的风力涡轮机。2010 年 1 月 9 日,葡萄牙光伏企业马提费尔太阳能公司（Martifer Solar）与佛得角经济部签署协议,在萨尔岛和圣地亚哥岛建设两个太阳能电站,功率分别为 2.5 兆瓦和 5 兆瓦。这两个项目成为非洲最大的光伏发电项目,能够为佛得角提供 4% 的电力,同时每年可使佛得角减少 13000 吨二氧化碳排放。[①] 2012 年 8 月 13 日,由欧盟援建、位于圣安唐岛的太阳能发电输电系统启用。2013 年 1 月,中国援建的太阳能示范项目移交给佛得角政府,该示范项目主要包括建设两座 15 千瓦的太阳能光伏发电站和为佛得角政府办公楼、议会大厦、普拉亚市中心广场、公园等安装太阳能照明系统。2014 年,欧盟投资 4000 万欧元为佛得角的公共建筑和学校安装太阳能设施。[②] 这些项目的建成和投入使用,有助于缓解佛得角能源供应紧张问题。

五　社会治安

佛得角政局稳定,社会治安良好,犯罪率较低。但近年来因有在外国犯罪的佛得角人被遣返回国,以及周边战乱国家的难民涌入,犯罪率有上升的趋势,主要是偷盗、抢劫和毒品走私。由于警力有限、刑侦设备差,因而破案率较低。由于佛得角缺乏路灯,又

---

① 《佛得角将利用太阳能发电》,中华人民共和国商务部网站,http：//www. mofcom. gov. cn/aarticle/i/jyjl/k/201001/20100106734493. html。

② 《欧盟将投资 4000 万欧元为佛得角公共建筑安装太阳能设施》,东方网,http：//roll. eastday. com/c1/2014/1110/2939047710. html。

经常停电，因此到佛得角旅游的客人会被建议携带手电，不要单人独行，关好门窗，尽量不要去偏僻的地方，尤其在晚上外出时要保持高度警惕。

六 移 民

佛得角人有移民海外的传统，其原因包括自然条件、经济、历史和政策四个方面。

第一，佛得角自然条件恶劣，干旱少雨，在佛得角历史上有过多次大饥荒，迫使佛得角人不得不迁徙异乡。第一次大饥荒发生在1790年左右，很多佛得角人前往美国，从事捕鲸业；第二次发生在1917年左右，此次迁徙的目的地是欧洲。在佛得角，仅圣维森特岛和萨尔岛有海水淡化设备，所以常常见到人们提着各式各样的水桶，排着长队，等待拉水车来卖水，这在佛得角是一大景观。住在内地的居民不得不赶着小毛驴走上5公里或10公里去购买生活用水，因此干旱是佛得角自然条件中最恶劣的因素。

第二，由于干旱引起饥荒，佛得角人的生活难以为继。农业曾经是佛得角居民唯一的生活来源，全国90%以上的人口直接或间接地从事农业。但是，全国可耕地只有3.9万公顷，人多地少，且生产方式十分落后，粮食不能自给，农业生产经不起任何自然灾害的侵袭，每逢荒年或者疾病流行的年份便有大批居民饿死或病死。靠天吃饭、朝不保夕的佛得角人不得不背井离乡，到国外谋求生路。

第三，早在19世纪，美国船队就来到佛得角海域捕鲸，一批又一批的当地人作为廉价的劳动力被招募上船，之后随船前往美国东北部的新英格兰并定居下来，然后给国内的亲眷汇钱，这就吸引更多的人

走上移民之路。直到今天，新英格兰还有一个庞大的佛得角人社团。到20世纪初，前往美国的移民减少，佛得角人开始转向南美洲以及非洲其他前葡属殖民地国家寻找出路。第二次世界大战后，西欧国家经济迅速发展，需要大批劳动力，移民欧洲的人数剧增。20世纪70年代初，葡萄牙人民因不堪忍受独裁统治，纷纷移民其他欧洲国家，这造成葡萄牙国内劳动力短缺，佛得角人趁此机会，利用与葡萄牙的特殊关系，大批前往葡萄牙，并在葡萄牙定居下来。在移民最多的年份，佛得角外流人口竟占当时人口总数的一半以上。

第四，佛得角政府不仅鼓励本国民众移民，而且鼓励本国民众与海外侨民建立广泛而密切的联系。例如，佛得角宪法承认双重国籍；又如，为了赢得海外侨民的支持，佛得角的总统选举允许海外侨民参加投票，佛得角议会中有6个议席代表是留给佛得角海外侨民的。海外侨民对佛得角国内政治具有重要影响，如民运党的创立者和支持者中许多都有海外背景。这些都为独立后佛得角人向海外移民创造了条件。

佛得角有大量侨民分布在欧洲、美国、拉美和非洲等地。根据佛得角政府机关报《人民之声报》的报道，目前佛得角侨民总数已经达到50万人，主要居住在美国（30万人）、葡萄牙（6万～7万人，其中4万人为非法移民）、安哥拉（4万人）、圣多美和普林西比（1.6万人）、荷兰（1万人）、塞内加尔（1万人），西北欧以及葡语国家也有零星分布，数目在几百人到一万人之间。另外，据估计，佛得角侨民的后代超过100万人，是佛得角本土人口总数的两倍。

独立以来，尤其是21世纪以来，虽然佛得角人的生活水平不断提高，但他们仍渴望拿到一本葡萄牙护照，过上真正的欧洲人的生活。一来语言相同，二来根据《申根协定》，只要拥有葡萄牙护照就可赴其他欧洲国家打工，因此许多佛得角人选择通过葡萄牙转到欧洲其他国家和美国。现在，在法国、荷兰等欧洲国家和美国，都有规模不小的佛得角人社区。

葡萄牙是佛得角移民的主要目的地。据佛得角国家统计局（INE）统计，2013 年葡萄牙接收了佛得角 11900 名移民中的 56.4%，其次是美国（15.4%）、法国（7.2%）、巴西（4%）和中国（3%）。2013 年，离开佛得角的公民中 50.7% 为女性。佛得角人移居外国的目的主要有继续升学（36%）、家庭团聚（21.4%）、求职（20%）和健康（8%）等。此外，佛得角接收了 17807 名移民（男性占 64.3%），占佛得角总人口的 3.5%，主要来自以下国家：几内亚比绍（22.3%）、圣多美和普林西比（20.9%）、安哥拉（13.1%）、塞内加尔（9.9%）、葡萄牙（9.6%）、美国（4.1%）和中国（4%）。来自其他国家的移民比例估计在 1%～1.5%。[①] 因此，长期以来佛得角移居国外的移民比移居佛得角的移民要多，净移民为负（见表 5-6）。

表 5-6 1967~2012 年佛得角净移民

单位：人

年份	1967	1972	1977	1982	1987	1992	1997	2002	2007	2012
净移民	1865	-3551	-57090	-20313	-34010	-6376	-9437	-10925	-31280	-17215

注：净移民是该时期内的净移民总数，即移居国外的移民总数减去每年移居国内的移民数量，其中既包括常住居民，也包括非常住居民。

资料来源：世界银行数据库，http：//data. worldbank. org. cn/。

---

① 《2013 年葡萄牙成为佛得角移民的主要目的地》，http：//www. macauhub. com. mo/cn/2014/05/02/2013 年葡萄牙成为佛得角移民的主要目的地/。

佛得角实行双重国籍政策，佛得角政府承认加入外国籍的佛得角人仍是佛得角公民。这些人习惯定期将收入的大部分寄回国内，因此佛得角的经济在很大程度上依靠移民的汇款，这是政府重要的外汇来源，也是佛得角重要的经济支柱之一。2010 年，佛得角侨汇收入为 1.09 亿欧元，占 GDP 的 9.4%；2011 年，佛得角侨汇收入达 1.21 亿欧元，占 GDP 的 8%，人均 246 欧元，人均侨汇收入居非洲首位。[①]

七　住房

佛得角人主要居住在村庄和乡镇，但是普拉亚和明德卢两大城市形成后，佛得角开始出现城镇化现象。1975 年，佛得角城市人口仅占总人口的 21.4%，到 2003 年上升到 55.9%。佛得角 2010 年人口普查数据显示，61.8% 的佛得角人居住在城市，38.2% 的人居住在农村，2013 年城镇化率已经高达 64.1%（见表 5-7）。2015 年，佛得角的城镇化率进一步提高至 65.6%。

佛得角政府历来重视市政规划和建设，街道两旁矗立着两三层的葡萄牙风格的建筑，多是尖顶小楼，辅以绿树成荫的街心小广场和古色古香的石子路，颇似南欧伊比利亚半岛，静谧且悠闲，徜徉其中，宛如走在欧洲的小镇上。但是 21 世纪以来，快速城镇化也给佛得角带来了住房紧张等问题，住房缺口约为 4 万套。为了解决这一问题，2009 年 3 月，葡萄牙总理若泽·苏格拉底（Jose Socrates）访问佛得角，宣布向佛得角提供贷款；6 月，两国在里

---

① 《佛得角人均侨汇收入居非洲首位》，中华人民共和国驻佛得角共和国大使馆经济商务参赞处网站，http://www.mofcom.gov.cn/article/i/jyjl/k/201205/20120508156683.html。

表5-7 1960~2013 年佛得角农村人口和城镇人口变化情况

年份	1960	1970	1980	1990	2000	2010	2013
农村人口(人)	176846	221555	230663	196675	206016	186103	179255
农村人口年增长率(%)	1.7	2.4	-0.7	-2.8	-0.1	-1.8	-1.1
农村人口占总人口比例(%)	83.3	80.4	76.5	55.9	46.6	38.2	35.9
城镇人口(人)	35401	53871	70928	155285	236410	301498	319642
城镇人口年增长率(%)	3.6	4.3	1.6	7.5	3.6	1.7	2.1
城镇人口占总人口比例(%)	16.7	19.6	23.5	44.1	53.4	61.8	64.1

资料来源:世界银行数据库,http://data.worldbank.org.cn/。

斯本签署了住房项目贷款谅解备忘录,据此佛得角政府制定了"全民住房"计划。根据该计划,佛得角政府要在 5 年内建设 8500 套社会福利房、翻新 15000 套住房,从而把住房缺口降低约 20%。2015 年,两家葡萄牙建筑公司与佛得角政府签订合约,承包了为福古岛翻新 110 套 1995 年火山爆发后重建的住房项目。届时,这些翻新后的住房将成为因火山爆发迁徙的佛得角人的新家园。[1]

八 社会阶层

经过多年的发展,佛得角城镇中逐渐出现了一个中产阶层。那

---

[1] 《葡萄牙公司将在佛得角建设社会福利住房》,http://www.macauhub.com.mo/cn/2011/05/12/葡萄牙公司将在佛得角建设社会福利住房/。

些有较好社会经济背景的人一般都住在国外，往往从文化上认同欧洲，希望自己能更"欧洲化"一些。

第二节 医疗卫生

佛得角缺医少药，医疗条件比较落后，卫生服务比较短缺，医疗设施和资源都很差，药品价格昂贵，主要靠进口。但经过多年的努力，现在佛得角的医疗卫生状况好于许多非洲国家，预期寿命、儿童死亡率等指标均得到较大幅度改善。

一 概况

首都普拉亚市和圣维森特岛明德卢市有综合型医院，萨尔岛有一家私人综合型医院，其他各岛建有小型医院。据世界卫生组织统计，2006～2013年，佛得角平均每万人拥有医生3人、护理和助产人员5人。1980年以来，佛得角每千人拥有的医院床位数和内科医生人数并没有显著增加（见表5-8）。2015年10月，佛得角大学首次开设医学本科专业，首届招生人数不超过25人，这些学生前两个学年在佛得角大学就读，由葡萄牙科英布拉大学和佛得角大学的老师共同执教，从第三学年起转到葡萄牙科英布拉大学学习医学专业课程，毕业实习在佛得角当地医院完成。[1] 这将极大地提高佛得角国内医生的比例。

---

[1] 《佛得角葡萄牙合作办学首次开设医学本科专业》，中华人民共和国商务部网站，http://www.mofcom.gov.cn/article/i/jyjl/k/201504/20150400957701.shtml。

表 5－8　1980～2011 年佛得角每千人医院床位数和内科医生数

年份	1980	1988	1992	2005	2008	2010	2011
医院床位数(张)	2.2	1.6	1.6	2.1	2.1	2.1	N
内科医生人数(人)	0.18	0.34	0.23	n/a	0.6	0.30	0.30

注：N 表示数据库中没有这一年的统计资料。

资料来源：世界银行数据库，http://data.worldbank.org.cn/。

佛得角的医疗机构缺乏基本设备，药品价格昂贵，所有药品均从葡萄牙或其他欧洲国家进口。佛得角主要的疾病是传染病和寄生虫病，如霍乱、肺结核和胃肠道疾病等。这些疾病主要是由营养不良和卫生条件差导致的。

虽然佛得角的医疗设施和资源都很差，但是比其他许多西非国家先进得多，得益于此，佛得角的婴儿死亡率是西非国家中最低的。佛得角也发生过疟疾，但没有非洲大陆那么严重。感染疟疾的风险主要发生在圣地亚哥岛，每年的 7～12 月，这里的人患疟疾的风险最高。

居民患病时首先前往当地的社区健康中心就诊，医生根据病情介绍患者前往指定医院继续接受治疗。就诊后，患者需要自行前往药店购药。从 2012 年 7 月开始，由斯洛文尼亚共和国赞助的电话医疗项目开始在佛得角实施，到 2014 年 1 月已在佛得角全国范围内运营，所有有人居住的岛屿通过统一的电话医疗网络联系起来，这在非洲尚属首例。中国、古巴和巴西在佛得角也派有医疗队。

二　医疗卫生支出

从 1995 年以来，佛得角人均医疗支出从 65 美元上升至 2013

年的 155.6 美元，其中个人自付的比例占 20%，另外 80% 由公共医疗卫生支出，公共医疗卫生支出占政府支出的百分比从 1995 年的 8.2% 逐渐上升到 10.0%，在 GDP 中所占的比重从 1995 年的 4.3% 逐渐下降至 2013 年的 3.2%（见表 5-9）。总体而言，佛得角的社会保险体系日益完善。

表 5-9　1995~2014 年佛得角医疗卫生支出

年份	1995	2000	2005	2010	2012	2013	2014
人均医疗卫生支出（现价美元）	65	59	103	165	163	155.6	173.3
个人自付比例（%）	18.4	25.5	23.6	25.9	24.3	23.1	24.1
公共医疗卫生支出占医疗总支出的百分比（%）	80.4	73.3	75.1	71.1	72.4	73.7	74.7
公共医疗卫生支出占政府支出的百分比（%）	8.2	9.9	10.4	8.7	10.0	10.0	11.7
公共医疗卫生支出占 GDP 的百分比（%）	4.3	3.5	3.6	3.4	3.3	3.2	3.6

资料来源：世界银行数据库，http://data.worldbank.org.cn/。

三　医疗卫生现状

独立以来，佛得角的医疗卫生状况得到了很大的改善，好于许多其他非洲国家。

（一）预期寿命

独立前，佛得角人的预期寿命仅为 49 岁；独立时预期寿命为 56 岁；独立后，随着医疗水平和生活水平提高，佛得角人的预期寿命也逐步延长，2012 年已达 75 岁（见表 5 – 10）。而撒哈拉以南非洲国家人口预期寿命 1996 年为 50 岁，2006 年为 53 岁，2014 年为 59 岁。中等收入国家人口预期寿命 1996 年是 62 岁，2006 年是 65 岁，2014 年是 67 岁。[①] 换言之，佛得角人的预期寿命高于撒哈拉非洲国家和中等收入国家的平均水平。

表 5 – 10　1960 ~ 2015 年佛得角人的预期寿命

单位：岁

年份	1960	1975	1985	1995	2005	2012	2015
女性预期寿命	50	57	65	71	76	79	75.2
男性预期寿命	48	56	62	64	69	71	71.6
预期寿命	49	56	64	67	72	75	73.4

资料来源：世界银行数据库，http：//data. worldbank. org. cn/。

（二）艾滋病病毒感染率

据世界银行统计，佛得角艾滋病病毒感染率逐年呈上升趋势，1990 年为 0.3%，1995 年为 0.6%，2014 年为 1.1%，2015 年为 1.0%（见表 5 – 11）。

表 5 – 11　1990 ~ 2015 年佛得角艾滋病病毒感染率

单位：%

年份	1990	1995	2000	2005	2010	2014	2015
艾滋病病毒感染率	0.3	0.6	0.8	0.9	1.0	1.1	1.0

资料来源：世界银行数据库，http：//data. worldbank. org. cn/。

---

① 参见世界银行数据库，http：//data. worldbank. org. cn/。

（三）新生儿和5岁以下儿童死亡率

如表 5-12 所示，1990 年佛得角新生儿死亡率为 22‰，2015
年下降至 12‰；1990 年 5 岁以下儿童死亡率为 63‰，2015 年下降
至 25‰。由此可见，二者都有较大幅度的下降，这意味着佛得角
的营养条件和医疗条件都有较大改善。

表 5-12　1990~2015 年佛得角新生儿和 5 岁以下儿童死亡率

单位：‰

年份	1990	1995	2000	2005	2010	2015
新生儿死亡率	22	22	17	14	14	12
5 岁以下儿童死亡率	63	56	36	28	28	25

资料来源：世界银行数据库，http://data.worldbank.org.cn/。

（四）健康饮水

佛得角用水比较紧张，政府在积极开发利用地下水资源的同
时计划进一步发展海水淡化工业，以解决居民用水问题。2009 年
5 月，佛得角启动两个新的海水淡化处理设备，这使水厂的淡水
供应量从每天 5000 立方米增加至 6200 立方米。2011 年，佛得角
电力与水力公司又建立了第三个海水淡化处理厂，每天能提供
5000 立方米淡水，此外深井还能够提供 1000 立方米淡水，从而
大大缓解了困扰普拉亚的用水紧张问题。2013 年 6 月，日本国际
合作机构援助 1.4 亿美元，在普拉亚建设了两个海水淡化处理
厂，每个每天可提供 20000 立方米淡水，能够获得淡水的人数大
大增加了。

1995 年，农村获得改善水源的人口占 79%，在城市这一比例

为81%，总体而言，获得改善水源的人口占全国人口的百分比为80%。2014年3月，佛得角环境、房屋和国土规划部部长安特罗·韦加（Antero Veiga）在普拉亚说，24年来佛得角人口饮用水供应覆盖率已从42%上升到92%，并已超越千禧发展目标（MDGS）。[①]2015年，佛得角获得改善水源的农村人口所占百分比提升至100%，获得改善水源的城市人口所占百分比提升至94%，平均获得改善水源的人口所占百分比为92%（见表5-13）。

表5-13　1995~2015年佛得角获得改善水源的人口所占百分比

单位：%

年份	1995	2000	2005	2010	2015
获得改善水源的农村人口所占百分比	79	81	83	85	100
获得改善水源的城市人口所占百分比	81	84	88	91	94
获得改善水源的人口所占百分比	80	82	86	89	92

资料来源：世界银行数据库，http://data.worldbank.org.cn/。

（五）白喉、百日咳和破伤风（DPT）以及麻疹免疫接种率

根据世界银行数据库统计，1983年以前佛得角DPT免疫接种率为0。[②]但是1983年后佛得角开始重视免疫接种，1983年有23%的人接种疫苗，1995年有88%的人接种疫苗，此后DPT免疫接种率一直保持在90%以上，2005年以后麻疹免疫接种率也在90%以上（见表5-14）。

[①] 《超过91%佛得角人口得到饮用水供应》，http://www.macauhub.com.mo/cn/2014/03/24/超过91%佛得角人口得到饮用水供应/。

[②] 根据世界银行的界定，DPT免疫接种率（占12~23个月年龄组的百分比）衡量的是12~23个月年龄组的儿童在满12个月前或调查前的任何时间接种疫苗的百分比。儿童在接种3次白喉、百日咳和破伤风（DPT）疫苗后可视为对这些疾病有足够的免疫力。

表 5 – 14　1983 ~ 2014 年佛得角免疫接种率

单位：%

年份	1983	1986	1995	2000	2005	2010	2014
DPT 免疫接种率（占 12 ~ 23 个月年龄组的百分比）	23	54	88	90	95	99	95
麻疹免疫接种率（占 12 ~ 23 个月年龄组的百分比）	N	58	85	86	92	97	93

注：N 表示没有该年的统计数据。

资料来源：世界银行数据库，http：//data. worldbank. org. cn/。

（六）其他健康指标

2011 年，佛得角吸烟女性占成年人的比重为 3%，吸烟男性占成年人的比重为 14%。2008 年，佛得角食用加碘盐住户占总住户的比重为 74.8%。

四　医疗保险

在佛得角，医疗保险分为公费医疗保险、社会福利保险和自由职业医疗保险三个险种。社会福利保险涵盖的人群包括本国职工、在佛得角企业工作、来佛得角居住三年以上且有长期居留权的外国侨民，以及在佛得角企业工作、有政府间社会福利保险协定的外国职工，他们均可参加医药费、养老金和子女抚养补贴等社会福利保险。其中，医药费由保险公司承担 75%，由个人承担 25%；保险费以本人工资的 23% 按月缴纳（其中个人支付工资的 8%，雇主支付 15%）。此外，本国居民和外国人均可参加自由职业医疗保险，包括门诊及住院治疗、检验、外科手术、救护车服务等，保险费按年龄缴纳，每月缴纳 50 ~ 80 美元；住院期间，每人每日可获得补

贴 40 美元，但住院天数不得超过 90 天；每人每年可获得不超过
400 美元的药费补助。

五　科学研究

佛得角政府对科学研究的投入不多，目前只有农业研究院、渔
业发展研究所等研究机构。根据世界银行的统计，2011 年佛得角
研发支出占 GDP 的比重为 0.1%，每百万人中研究人员的人数为
58 人（见表 5 – 15）。

表 5 – 15　2001 年、2002 年和 2011 年佛得角研究人员数

单位：人

年份	2001	2002	2011
科研人员数(每百万人)	100	131	50
技术研发人员数(每百万人)	31	33	8

资料来源：世界银行数据库，http：//data. worldbank. org. cn/。

第三节　环境治理与保护

随着人口的增加，佛得角人的生活生产范围不断扩大，使本已
脆弱的生态环境所承受的压力越来越大。近年来，佛得角政府逐渐
意识到生态环境保护的重要性，并开始采取措施，如修订生态保护
的相关法律，以改善佛得角的生态环境。

一　动植物资源

历史上佛得角的动植物资源并不丰富，但由于远离非洲大陆，

故其生物具有独特性，大部分都是分布于险峰、陡崖以及险要地区的稀有种群。15世纪佛得角被葡萄牙发现并成为葡萄牙的殖民地后，佛得角的野生动植物资源，包括很多热带干旱森林和灌木林、独特的动物种群和植物种群、罕见的海鸟等，也陆续被发现。随着人口的增加，许多地方被开垦出来作为农田，并从海外引进了几百种草本植物和树木，这使原来的植被受到很大影响，使生态环境遭到很大破坏，使本地的动植物种群受到严重干扰。佛得角现在正努力重新造林，以改善其生态环境，其中松树、橡树、甜栗和金合欢是最主要的品种。

为了保护海洋生态系统和发展渔业，圣卢西亚岛、博阿维斯塔岛、萨尔岛和马尤岛等岛创立了海洋保护项目——"佛得角濒危海洋物种保护项目"。目前，佛得角9个较大的岛和其他3个离岛上皆建有生态公园，以保护动植物资源。

佛得角有很多特有的动植物种类，尤其是鸟类和爬行动物，爬行动物主要有佛得角巨型壁虎（Cape Verde Giant Gecko）。同时，它也是包括佛得角剪嘴鸥在内的很多鸟类的繁殖地。

（一） 植物资源

由于长期干旱，水的储存和供给率较低，佛得角的植物资源非常贫乏，但还是有一些特殊植物，如主要生长在圣尼古拉岛、布拉瓦岛和圣安唐岛的龙血树。

岛上的植被主要是热带稀树草原以及典型的温带和亚热带树木，这取决于海拔高度。岛上平坦的地方生长有半荒漠植物，海拔高一点的地方则生长有干旱灌木丛。目前佛得角共有664种植物，其中两种濒临灭绝。佛得角本土植物有博阿维斯塔岛上蓝绿色的平顶龙树，博阿维斯塔岛沙漠中生长的铁木树、无花果树、白金合欢树，以及生长于福古岛的特有植物灌木蒿（Artemisia gorgonum）。1975 年独立以来，佛得角政府鼓励多植树，因此圣安唐岛上许多温凉的山峰上长满了松树、橡树和甜栗树，福古岛的高地上长满了桉树，马尤岛上则长满了树胶林。

（二）动物资源

候鸟和当地的鸟类是佛得角群岛上主要的动物，许多小岛被国际鸟盟宣布为重要鸟区。据估算，约有 75 种珍稀鸟类生活在这个宛如自然保护区的岛国。岛上也有一些稀有的蜥蜴。海龟是这里的常客，因此这里还是重要的海龟繁殖地。圣地亚哥岛上还有一个小型的狒狒聚集区。

岛上有 5 种哺乳类动物，其中 3 种濒临灭绝；有 75 种鸟类，其中 2 种濒临灭绝；有 19 种爬行动物；有 132 种鱼类，其中 1 种濒临灭绝。岛上没有大型哺乳类动物。

1. 哺乳类动物

蝙蝠占该岛哺乳类动物的 20%，灰色长耳蝙蝠（Grey long-eared bat）是岛上发现的土著哺乳类动物。福古岛上发现的野山羊（Feral goats）是葡萄牙人引进的家羊的后代。此外，还有啮齿类动物、猴子、貂獴等外来物种。

2. 鸟类

根据鸟类学者和鸟类观察家的发现，佛得角群岛上除了有很多种特有的鸟类外，还有 130 多种外来鸟类，其中 40 多种在岛上栖息。在岛上繁殖的海鸟有佛得角圆尾鹱（Pterodroma feae）、丽色军舰鸟（Fregata magnificens）、红尾鹲（Phaethon rubricauda）。此外，亚氏雨燕（Alexander's Swift）、拉扎云雀（Raso Lark）、佛得角沼泽苇莺（Cape Verde Swamp-warbler）、棕背麻雀（Iago Sparrow）也是佛得角特有的鸟类，佛得角海鸥（Cape Verde Shearwater）则是岛上繁殖最多的特有鸟类。濒危的伯恩苍鹭（Bourne's Heron）是只生长在佛得角而在其他地方没有的稀有物种。

3. 蜥蜴

据称，佛得角共有 15 种蜥蜴，其中 12 种是佛得角特有的，分别是佛得角巨蜥（Macroscincus coctei）、巨型壁虎（Tarentola gigas）、南石蜥属小蜥蜴（Mabuya skinks）（5 种）、蜥虎属蜥蜴（3 种）、塔兰托壁虎（Tarentola geckos）（3 种）等。

4. 无脊椎动物

据称，佛得角有 58 种特有的蜘蛛，包括跳蛛（Wesolowskana lymphatica）、红鳄背蝎（Hottentotta caboverdensis）以及一种单性生殖蝎（Parthenogenetic scorpion）。昆虫方面，据报道佛得角有 15 类共 369 种昆虫，有名的有蜜蜂、蚂蚁、尺蛾（Geometrid moth）和长蜻科昆虫。此外，还有很多特有的海洋昆虫，包括软体动物，如海蛇、织纹螺、法螺和约瑟芬芋螺等。

5. 海洋生物

佛得角的博阿维斯塔岛、萨尔岛和马尤岛为热带海洋气候，其海洋生物具有多样性。佛得角的珊瑚礁分布广泛，是世界十大重要珊瑚礁之一。

海洋生物有斑海豚、斑原海豚、长吻真海豚、蓝鲸、北海长喙鲸、普通鼠海豚、鲹鱼、热带海鳗和海龟（5 种）。佛得角是世界第三大海龟繁殖地，仅次于美国的佛罗里达和阿曼。[①]

[①] 夏连军、李励年、陆建学：《世界第三大海龟繁殖地——佛得角》，《现代渔业信息》2010 年第 1 期。

佛得角附近海域还发现有 18 种鲸鱼和海豚，是北半球座头鲸（Megaptera novaeangliae）两个重要的繁殖地之一。座头鲸每年从北海迁往佛得角过冬（1 月～5 月中旬）。由于 19 世纪的过度捕捞，座头鲸的数量已非常有限，而佛得角座头鲸的数量尚不明确。

海龟壳可以制成梳子、眼镜框、首饰和化妆品，而且售价相当昂贵；海龟肉可用来做汤；海龟卵也被认为是上好的野味。这使海龟遭到非法盗猎者的疯狂捕杀，数量急剧下降。为了保护海龟，佛得角政府一方面加强宣传，呼吁本国居民增强责任心，加强自我约束，拒绝捕捉和食用海龟；另一方面完善立法，于 2002 年 12 月 30日通过了第 7 号法律，规定海龟为保护动物，严禁捕捉。第 7 号法律第 9 条规定：禁止捕获、保存海龟；禁止消费海龟肉、海龟蛋以及相关产品；禁止中断海龟的繁殖行为；禁止破坏和转移海龟的栖息地。

二 生态环境保护

佛得角土质沙化，气候干旱，植被稀少，但是山顶的条件稍好一些，那里空气比较湿润，有时还下点毛毛雨，因此有一些绿色小树、松树和一种奇特的倒置伞形针叶树。自 1975 年独立以来，佛得角历届政府在捐助方的帮助下开展了大规模的植树造林、土壤修复和集水区建设等活动，并将其纳入国家发展计划。[①] 根据世界银行的国别数据，2011 年佛得角森林面积为 847.9 平方千米，约占其国土面积的 21%。

---

① Claire Sandys-Winsch, P. J. C. Harris, "'Green' Development on the Cape Verde Islands," *Environmental Conservation* 3 (1994): 225 – 230.

但是，随着人口的增加，以及佛得角人生活生产的范围不断扩大，本已脆弱的生态环境所承受的压力越来越大。根据濒危物种红色名录，佛得角 26% 以上的被子植物、40% 以上的苔藓植物、65% 以上的蕨类植物、29% 以上的地衣、64% 以上的甲虫类动物、57% 以上的蛛类动物和 59% 以上的陆生贝类动物都受到威胁。以 2013 年为例，这一年佛得角受威胁鱼类为 23 种，受威胁鸟类为 3 种，具体见表 5 - 16。

表 5 - 16　2013 年佛得角受威胁物种

| 受威胁鱼类 | 23 种 | 受威胁鸟类 | 3 种 |
| 受威胁植物物种 | 3 种 | 受到威胁哺乳动物种类 | 4 种 |

资料来源：世界银行数据库，http://data.worldbank.org.cn/。

佛得角二氧化碳的排放量随着生产生活的发展而不断攀升。世界银行的统计资料显示，1981 年佛得角二氧化碳排放量为 3.3 万吨，而到 2012 年已增至 49.5 万吨；每美元 GDP 二氧化碳排放量没有变化，介于 0.2 ~ 0.4 千克（见表 5 - 17）。这意味着佛得角工业化的基础依然薄弱，生产技术没有太大的提高。但是，受到全球气候变暖的影响，1960 ~ 2006 年佛得角的气温上升了 0.6 摄氏度，在未来将继续上升，这对佛得角的农牧业、渔业以及沿海地区的基础设施等都将产生负面影响，将使本已脆弱的生态系统和自然资源状况进一步恶化。[1]

---

[1]　African Development Bank，"Cabo Verde：Country Strategy Paper 2014 - 2018，" http://www.afdb.org/en/consultations/closed-consultations/cape-verde-country-strategy-paper-2014 - 2018/，p. 10.

表 5 - 17　1981～2013 年佛得角二氧化碳排放量

年份	1981	1986	1991	1996	2001	2006	2011	2012	2013
二氧化碳排放量（万吨）	3.3	5.9	9.2	13.9	20.9	30.8	42.5	49.5	44.4
每美元 GDP 二氧化碳排放量（千克）	0.2	0.3	0.4	0.3	0.3	0.3	0.3	0.3	0.3

资料来源：世界银行数据库，http://data.worldbank.org.cn/。

由于生态环境日益退化，佛得角政府逐渐意识到生态环境保护的重要性，并开始采取措施，如修订保护生态的相关法律，设立生态公园等。为了保护海洋生态系统和发展渔业，佛得角政府采取了成立海洋保护区的措施，目前拥有圣卢西亚岛海洋保护区、拉佐和布朗库岛海洋保护区、博阿维斯塔岛海洋保护区、萨尔岛海洋保护区、马尤岛海洋保护区等，以及佛得角濒危海洋物种保护项目。

在佛得角，保护生物多样性的组织和机构有农业、林业和畜牧业局（Directorate General of Agriculture, Forest and Livestock Production），渔业发展研究所，国家农业研究和发展研究所（National Institute of Agricultural Research and Development, INIDA），以及 SOS 海龟（SOS Tartarugas）研究所等。

第六章

文　化

　　佛得角文化深受欧洲文化和非洲文化的影响，具有独特的魅力。[①] 音乐和舞蹈是佛得角文化的重要内容，最流行的音乐形式是莫纳，它已成为佛得角人心灵的寄托。著名国际级音乐家西莎莉亚·艾芙拉和玛亚拉·安德拉德（Mayra Andrade）以演唱莫纳闻名于世。佛得角把教育放在优先发展的位置，并取得了显著成绩：成人识字率在 2012 年已达到 85.3%，普遍实行了中小学义务教育。

第一节　概述

　　独特的历史和地理位置决定了佛得角文化深受欧洲文化和非洲文化的双重影响。例如，旧城是佛得角的第一个首都，也是欧洲在撒哈拉以南非洲的第一个殖民地，直到今天还保留着欧洲文化的影子。而对于住在佛得角山区的居民来说，由于其祖先是奴隶，因此他们仍保留着典型的非洲文化的传统。[②] 正因为融合了欧洲文明和

[①]　João Paulo Madeira, "Cape Verde: Dimensions in Nation-Building," *Humania del Sur*, Año 11, No. 20, Enero-Junio, 2016.

[②]　参见福特《佛得角中国移民的生存状况研究》，硕士学位论文，东北师范大学，第 8 ~ 9 页。

非洲大陆文明,佛得角文化才独具魅力。这种多元的文化因素使佛得角诞生了不少国际级的艺术家,如著名的"赤脚歌后"西莎莉亚·艾芙拉。[①]

文化国务秘书处是佛得角管理全国文化事业的政府机构,下辖国家文化局、国家档案馆、电影局、图书及音响发行社等部门。国家文化局是承办具体文化活动的机构,各地方政府都设有一名监管文化的负责人。佛得角政府的文化方针政策主要有:为文化活动的自主经营创造条件;保障艺术、文化创作自由;保障文化不与发展脱节;鼓励和支持文艺人才的不断涌现;鼓励和优先发展多种形式的民间文化。

佛得角全国较大的文化活动有音乐节和狂欢节,其中最有影响力的是在圣维森特岛举行的一年一度的"戛塔湾艺术节"。它由专门的组委会筹办,由国家文化局协调。艺术节以演唱流行歌曲和民间歌曲为主,不仅国内一些有名的演唱小组会参加,而且佛得角侨民中的一些演唱小组也会参加。各岛在重要的宗教节日期间亦有民间文艺活动,但规模不大,水平也较低。

文艺团体均为俱乐部形式的私营组织,如全国著名的内纳尔多歌舞团和鲨鱼乐团等。它们进行商业演出,但政府文化部门会给予支持。

佛得角对外文化交流活动较少,对象以西欧、撒哈拉以南非洲、巴西为主。葡萄牙和西非邻国偶有文艺团体来访,旅费多由自己负担,或由企业赞助,但带有商业广告性质。在佛得角建立文化

---

① 《佛得角共和国文化简况》,中国文化网,http://www.chinaculture.org/gb/cn_focus/2004-07/08/content_56527.htm。

中心的有葡萄牙、巴西和法国，三个文化中心均设有图书馆，对外开放。法国文化中心规模最大，不仅设有学校，教授法语，招收学员，还设有录像俱乐部，放映和出租录像带，在当地有一定的影响力。[①]

第二节　教育

独立后，佛得角把教育放在优先发展的位置。佛得角的教育体系分为两部分，即正规教育、非正规教育和培训，普遍实行了中小学义务教育。

一　概况

葡萄牙殖民统治时期，由于害怕佛得角拥有受过良好教育的人会对葡萄牙的殖民统治不利，因此葡萄牙殖民当局的教育只是为了满足殖民统治当局对劳动力的需求。整个 19 世纪，佛得角的教育都是由私人或者地区组织开展，而非由国家开展。第一所由政府资助的小学于 1847 年在布拉瓦岛开办。1860 年，第一所中学于普拉亚设立，但一年后就关闭了。直到 1866 年，佛得角才出现一所神学院。

葡萄牙因有限的教育机会和很低的入学率而"名扬欧洲"，可想而知，其殖民地情况就更糟糕了。例如，1945 年佛得角只有 100 多所小学，1960 年佛得角的小学入学率只有 4.7%；1950 年，接受教育的人只有 28%，1970 年也只有 63%。在识字的人当中，

---

① 《佛得角共和国文化简况》，中国文化网，http：//www. chinaculture. org/gb/cn＿focus/2004－07/08/content＿56527. htm。

90%的人只有小学文化程度。

佛得角的教育水平虽然很低，但同其他葡属殖民地相比已经算是较高的了。为数不少的佛得角人活跃在殖民地官员的岗位上，而那些贫穷的受不到教育的人则被鼓励到圣多美和普林西比的可可种植园里做合同工。1866年，一位牧师在圣尼古拉岛开办了一所神学院，主要用来培训神父，但并不是所有的学生都是神职人员，学院课程涵盖了数学、科学、古典语言和欧洲文学。近代以来，这一教育机构为很多来自贫困家庭的学生提供了极为良好的正规教育。这所神学院不仅培养了大批牧师、作家、教师和公务员，而且为木匠铺和铁匠铺等手工艺作坊培养了熟练的手工艺人。

独立后，佛得角把教育放在优先发展的位置，年均教育经费占财政预算支出的22%。这和葡萄牙殖民时期不重视教育形成鲜明对比。

佛得角基本上沿袭了葡萄牙殖民时期的教育体制。其教育体系分为两大类：正规教育、非正规教育和培训。正规教育包括学前教育和中小学教育，非正规教育和培训包括成人扫盲和师资培训。另有少量私人办学和合作办学，以及非教育部门举办的培训中心和研究所等。起初佛得角全国普及小学4年义务教育，后来转变为普及小学6年义务教育。

目前，佛得角全国共有516家幼儿园、419所小学、49家中学，2013/2014学年共有注册学生142266人、教师7105名。95%的学生可以完成小学教育，中学入学率为58%。2006年11月，佛得角成立了第一所公立综合性大学——佛得角大学。目前，佛得角共有11所高等教育机构，其中大学6所，高等学院5所。2011/2012学年共有大学教师1316名，其中63.5%拥有学士及以上学位；共有1.18万名在读大学生，占全国18～22岁人口的20.7%。[①]

佛得角比较重视成人教育，设有各类培训中心。为了扫除文盲，佛得角开展了全国性扫盲运动，设立了各类扫盲和培训中心，并取得了显著成绩。独立以来，佛得角成人总体识字率逐年提高，由1990年的62.8%上升至2015年的88.5%（见表6－1）。

表6－1 1990年以来佛得角成人识字率

单位：%

年份	1990	2004	2012	2015
青年女性识字率	86.4	98.0	98.4	98.6
青年男性识字率	89.9	96.2	97.9	98.1
青年总体识字率	88.2	97.1	98.1	98.3
成年女性识字率	53.0	74.1	80.5	84.7
成年男性识字率	74.8	86.4	90.5	92.5
成人总体识字率	62.8	80.0	85.3	88.5

注：青年年龄在15～24岁，成人年龄在15岁以上。
资料来源：世界银行数据库，http://data.worldbank.org.cn/。

在佛得角的教育事业中，首都普拉亚占据着十分重要的位置，市内有好几所中学，位于其东南部的"多明戈斯·拉莫斯中学"是佛得角最好的学校之一。佛得角政府的许多领导人都毕业于这所中学，佛得角中学教师培训班也设在这里。

---

① 参见中华人民共和国外交部网站，http://www.fmprc.gov.cn/mfa_chn/gjhdq_603914/gj_603916/fz_605026/1206_605318/。

佛得角实行中小学义务教育，教育的职能从培养有用的殖民官员转变为培养有用的国家建设人才。佛得角的公立学校确保了佛得角的教育水平，但是佛得角仍有几所私立学校为此做出了贡献。1998年以来，佛得角公共教育支出占GDP的比例始终维持在5%左右（见表6-2）。

表6-2 1998~2013年佛得角公共教育支出

单位：%

年份	公共教育支出占预算支出的比例	公共教育支出占GDP的比例
1998	N	5.4
1999	18.5	6.0
2002	19.8	7.2
2004	20.8	6.8
2006	17.5	5.8
2007	18.3	5.4
2008	18.6	5.4
2009	16.2	5.5
2010	14.4	5.6
2011	15.2	5.0
2012	N	N
2013	15.0	4.9

注：N表示该年无统计数据。
资料来源：世界银行数据库，http://data.worldbank.org.cn/。

二　学前教育

在佛得角，学前教育是非义务性的。21世纪以来，佛得角学

前教育入学率总体上呈上升趋势，从 2000 年的 52.9% 上升到 2015
年的 73.7%（见表 6 - 3）。

表 6 - 3　2001～2015 年佛得角学前教育入学率

单位：%

年份	2001	2003	2005	2007	2008	2009	2010	2011	2012	2013	2014	2015
入学率	53.8	58.0	60.6	64.0	67.8	70.2	72.1	76.4	73.0	71.7	70.3	73.7

资料来源：世界银行数据库，http://data.worldbank.org.cn/。

三　小学教育

在佛得角，小学入学年龄为 7 岁，初等教育年限为 6 年。
小学为免费义务教育。2010～2015 年，佛得角小学入学率较
高，失学儿童也较较少，2013 年小学失学儿童仅为 939 人，而
且小学毕业率也比较高，这意味着小学辍学率也是比较低的。
与此同时，佛得角小学师生比偏低，2015 年中等收入国家的小
学师生比为 1 : 23.6，而佛得角的小学师生比仅为 1 : 21.9（见表
6 - 4）。

表 6 - 4　2010～2015 年佛得角小学教育概况

单位：%，人

年份	2010	2011	2012	2013	2014	2015
一年级新生总入学率（占相关年龄组的百分比）	100	101.2	102.7	101.5	99.5	94.8
小学失学儿童人数	3028	3016	943	939	1041	1630
初等教育教师人数	3009	2972	2956	2955	2965	2988

年份	2010	2011	2012	2013	2014	2015
小学师生比	1∶23.6	1∶23.3	1∶23.0	1∶22.9	1∶22.6	1∶21.9
经过培训的初等教育教师占教师总数的比例	90.0	92.1	94.6	N	96.0	N
小学毕业率	98.3	95.7	99.0	95.1	99.8	102.2

注：N 表示无该年统计数据。

资料来源：世界银行数据库，http：//data. worldbank. org. cn/。

四　中学教育

在佛得角，中学入学年龄为 13 岁，教育年限为 5 年。中学有私立中学和公立中学之分。中学教育分为两个阶段：第一阶段为通识教育（Liberal edacation），为期 3 年；第二阶段是大学前教育（Pre-university education），为期 2 年。中学入学率稳步上升，由 2008 年的 86.1% 上升到 2013 年的 96.0%（见表 6 - 5）。

表 6 - 5　2008 ~ 2013 年佛得角中学教育状况

年份	2008	2009	2010	2011	2012	2013
中学入学率(%)	86.1	85.3	87.8	90.4	92.7	96.0
中学师生比	18.2	18.2	17.5	17.2	16.8	17.0
中学教育教师人数(人)	3393	3336	3522	3614	3689	3624

资料来源：世界银行数据库，http：//data. worldbank. org. cn/。

五　高等教育

佛得角共有 11 所高等院校，分别是佛得角大学（University of
Cape Verde）、让·皮亚杰大学（Jean Piaget University of Cape
Verde）、佛得角酒店及旅游管理学院（Escola de Hotelaria e Turismo
de Cabo Verde）、佛得角商业和技术学院（Escola de Negocios e
Tecnologias de Cabo Verde）、经济与商业科学高等研究院（Instituto
Superior de Ciências Económicas e Empresariais）、佛得角司法和社会
科学高等学院（Instituto Superior de Ciencias Juridicas e Sociais）、艺
术文化研究所（Instituto Universitário de Arte, Tecnologia e
Cultura）、明德卢大学（Universidade de Mindelo）、圣地亚哥大学
（Universidade de Santiago）、佛得角洲际大学（Universidade
Intercontinental de Cabo Verde）和佛得角葡语大学（Universidade
Lusófona De Cabo Verde）。

佛得角高等教育的学制一般是大专 3 年、本科 5 年，其文凭已
获得国际承认，但学校设备、师资、管理水平较差，仅 80% 的学
生能拿到文凭。2007 年，佛得角高等教育入学率为 9.6%，2012
年上升至 20.7%，女生入学率高于男生入学率（见表 6－6）。

佛得角有公立大学和私立大学，二者学费有较大差距，公立大
学每月学费约为 5000 埃斯库多（约合人民币 500 元）；私立综合性
大学每月学费约为 19000 埃斯库多（约合人民币 1900 元）。在佛得
角成立大学之前，佛得角人想获得中学后的任何学历，只能去国
外，而离开佛得角到国外上学的绝大多数人都没有回国。根据世界
银行的统计，在接受高等教育人口中，移民的比重在 1990 年和
2000 年都高达 82%。

表 6 – 6 2007～2013 年佛得角高等教育概况

单位：%

年份	2007	2008	2009	2010	2011	2012	2013
高等教育入学率（占总人数的百分比）	9.6	12.0	15.1	18.0	20.6	20.7	23.0
高等教育女生入学率（占总人数的百分比）	10.7	13.6	17.4	20.3	23.9	24.1	27.0
高等教育男生入学率（占总人数的百分比）	8.5	10.4	12.9	15.7	17.4	17.3	19.0
高等教育教师中女性所占百分比	38.8	42.8	40.4	42.1	38.8	37.2	38.0

资料来源：世界银行数据库，http://data. worldbank. org. cn/。

下面介绍佛得角的两所大学：佛得角大学和让·皮亚杰大学。

佛得角大学成立于 2006 年，是一所公立大学，由位于普拉亚的高等教育研究所（Instituto Superior de Educação，ISE）与位于明德卢的高等工程和海洋科学研究院（Instituto Superior de Engenharias e Ciências do Mar，ISECMAR）合并而成。2007 年，国家农业研究与发展研究所并入。佛得角大学现有学生 5500 多人。2014 年 3 月，佛得角大学举行校长选举，这是佛得角历史上第一次由学生、教授和工作人员直接选举校长。此次选举中有三位候选人，最终朱迪特·纳西门图（Judite do Nascimento）博士以压倒性优势赢得选举，成为佛得角历史上第一位由选举产生的校长。

佛得角大学拥有本科生教育和研究生教育，研究生教育包括博士研究生教育和硕士研究生教育。根据国际大学排名，佛得角大学是非洲最好的大学之一，在 100 多所非洲最好的大学中位列第 79。

佛得角大学尊崇的价值观有自由、卓越、自治、公正、平等、企业家精神、可持续性和国际视野等。佛得角大学的本科生教育旨在培养学生良好的科学观、发展观和价值观，协调统一个人发展和社会发展。基于此，无论是课程设置还是学习生活，学生都可以根据自己的需要自主选择，具有高度的自治性。

2015 年 12 月 18 日，佛得角大学与中国孔子学院总部/国家汉语国际推广领导小组办公室合作，由广东外语外贸大学承办，成立了佛得角首所孔子学院。

让·皮亚杰大学是一所私立大学，创立于 2002 年，坐落于首都普拉亚，同时在明德卢设有分校。从地理位置上看，它是位于非洲最西端的大学。该校以瑞士儿童心理学家让·皮亚杰的名字命名，学生以佛得角人为主，但也接收来自非洲和拉丁美洲的留学生。让·皮亚杰大学提供本科生教育、研究生教育以及继续教育。

六　前景展望

佛得角同 20 多个国家签有教育合作协议，每年派出几百名中小学生到国外就读。2010 年，佛得角有 6000 名留学生分布于世界各地。接纳佛得角留学人员最多的国家是古巴、葡萄牙、俄罗斯和巴西。中国自 1996 年开始接收佛得角奖学金留学生。截至 2014 年，中国共接收佛得角奖学金留学生 138 名，现有 107 名佛得角奖学金留学生在中国学习。[①] 2010 年，佛得角的学校开始教授中文课

---

① 《中国与佛得角建交 38 周年》，中非合作网，http://www.zfhz.org/plus/view.php? aid = 6825。

程。2014 年，中佛合作的重点是教育交流与合作。①

尽管佛得角的教育事业取得了相当大的发展，但是每一步都离不开外国援助，从校舍的建设到教具的配备，其都要依靠外国、国际组织和侨民的援助，因此教育资金无论是从数量上来说还是从援助时间上来说，都得不到保证。而且，师资不足、水平不高、工作条件差、教材不足等诸多因素导致教学质量低下，因此佛得角的教育仍有待进一步发展。

第三节　文学艺术

佛得角文学经历了古典阶段和现代阶段，从模仿葡萄牙文学演变到反映佛得角独特的生活背景和经历。音乐和舞蹈是佛得角文化的重点。佛得角的音乐形式中最流行的是莫纳，其特点是旋律缓慢而悠扬，著名的"赤脚歌后"西莎莉亚·艾芙拉以演唱莫纳闻名于世。

一　文学

佛得角的文学史大致可分为两个主要阶段：古典阶段和现代阶段。古典派是把文学本土化的第一代作家。该派作家集中在圣尼古拉岛上的神学院里，代表人物有作家若泽·洛佩斯（Jose Lopes）、加努阿丽亚·利特（Januario Leite）、佩德罗·卡尔多索（Pedro Cardoso）和尤热尼奥·塔瓦热（Eugénio de Paula Tavares）。尤热尼奥·塔瓦热以表演佛得角独特的艺术形式莫纳闻名。莫纳由诗歌

---

① "China-Cape Verde Cooperation to Prioritize Education in 2014," http：//www. fmprc. gov. cn/zflt/eng/zxxx/t1125079. htm.

和舞蹈构成，代表佛得角文学的精髓。19 世纪末 20 世纪初，第一本文学年刊《非洲葡属殖民地的皇族》（*Almanach Luso-Africano*，1894）在圣尼古拉岛上的大里贝拉城出版。第一本诗歌集——佩德罗·卡尔多索的《佛得角人》（*Cabo-Verdeans*）也于 1915 年在普拉亚出版。总的来说，古典派作家的最大特点是紧跟葡萄牙的艺术形式，他们的著作并未反映佛得角独特的生活背景。但是，塔瓦热和卡尔多索是例外，他们的著作不仅反映了佛得角的特点，而且是用克里奥尔语写成。

现代文学开始于 1936 年，其标志是文学评论杂志《光明》（*Claridade*）的出版，代表人物有若热·巴尔博萨（Jorge Vera-Cruz Barbosa）、巴尔塔萨·洛佩斯（Baltasar Lopes da Silva）、曼努埃尔·洛佩斯（Manuel Lopes）等。若热·巴尔博萨、巴塔萨尔·洛佩斯与曼努埃尔·洛佩斯三人共同创办的《光明》，主要发表散文、诗歌、短篇小说，关注佛得角人的悲惨生活，立足于佛得角独特的社会现实，围绕佛得角的社会问题，如干旱、饥饿、移民，与古典派文学家模仿葡萄牙文学进行创作形成鲜明对比，标志着一种新的文学形式的诞生。这一文学形式反映了克里奥尔人独特的经历和文化以及群岛的社会经济状况。《光明》的出版使佛得角文学进入繁荣时期，自此以后，佛得角作家陆续发表和出版了许多诗歌、短篇故事、文学评论、小说和历史考证专著。他们除了用葡萄牙语写作外，还用克里奥尔语写作，并出版了大量关于克里奥尔文化和语言的作品与论文。1947 年第一本佛得角长篇小说——巴塔萨尔·洛佩斯的《西奇尼奥》（*Chiquinho*），以及 1960 年第一本短篇小说选集——《当代佛得角短篇小说集》（*Antogogea da Ficcao Cabo Verdiana Contemporranea*）的出版，标志着佛得角现代文学进入巅峰时期。

　　《西奇尼奥》是佛得角现代文学的奠基人之一巴塔萨尔·洛佩斯所写的长篇小说，是佛得角文学史上最著名的作品，具有划时代的意义。《西奇尼奥》详细描述了 20 世纪初期佛得角的风土人情和社会生活。小说由三部分组成：（1）"童年"，在圣尼古拉岛上一个名叫卡莱乔（Caleijão）的村庄里，主人公西奇尼奥与家人住在一起，开始学习。（2）"圣维森特"，主人公西奇尼奥转往圣维森特岛继续其中学学习，在圣维森特岛上结识了许多新朋友，以及他的第一个恋人鲁尼哈（Nuninha）。西奇尼奥和他的同学创立了一个名为"格瑞米奥"（Grémio）的社团，并发行了类似于《光明》的杂志，试图以此改变群岛的社会环境。（3）"大海"（The Waters），西奇尼奥重新回到佛得角，成为一名老师，后来他移民美国，期望过上更美好的生活。小说通过描写主人公的生活经历，反映了佛得角的主要社会问题——干旱、饥饿和死亡。可以说，整部小说既是佛得角社会的真实反映，同时也暗示了佛得角人面对恶劣的生存环境进行的艰难的人生选择。

　　1957 年，巴塔萨尔·洛佩斯的论文《佛得角的克里奥尔方言》（"O Dialecto Crioulo de Cabo Verde"）发表。由此，洛佩斯开始倡导使用克里奥尔语，推动克里奥尔语成为佛得角合法通用的语言。1960 年，洛佩斯编辑出版了佛得角第一本短篇小说选集——《当代佛得角短篇小说集》，其中就有他的 6 篇作品。

　　佛得角文化的核心是诗歌，这体现在民间故事和小说中。值得一提的是，有关佛得角历史的专著在佛得角文学中占有重要位置。[1] 但

---

① 　João Paulo Madeira, "Cape Verde: Dimensions in Nation-Building," *Humania del Sur*, Año 11, No. 20, Enero-Junio, 2016, p. 100.

是，统治佛得角 500 多年的葡萄牙殖民者不可能重视形成佛得角民族的历史因素，因此很多历史问题有待进一步挖掘与研究。

佛得角的书面文学受到口头讲故事这种形式的强烈影响，而这种口头讲故事的形式植根于非洲。在佛得角，无论是文学还是音乐，其压倒一切的主题都是思乡（saudade），这通常与佛得角的移民以及由此引起的家庭分离是分不开的。

了解以下两位文学界名人的生平有助于了解佛得角文学的历史和成就。

（一）尤热尼奥·德·保罗·塔瓦热

塔瓦热是一位很受欢迎的诗人，因擅长谱曲及编排佛得角独特的艺术形式莫纳闻名。他出生于布拉瓦岛，自学成才，大部分时间都担任公务员。由于他的作品几乎都是用克里奥尔语写成的，因此他在维护克里奥尔语作为佛得角的通用语言方面发挥了关键作用，已成为佛得角尤其是布拉瓦岛的传奇人物。在布拉瓦岛，他的生活和爱情故事已经成为流行文学的一部分。直到今天，在布拉瓦岛，塔瓦热的《别离的时刻》仍是莫纳中的保留曲目，意味着晚会音乐的结束。为了纪念他，新辛特拉的广场不仅以其名字命名，而且还矗立着他的雕像。

（二）若热·巴尔博萨

著名诗人和作家。他于 1935 年发表了第一本诗集《群岛》，倡导唤醒民众的民族意识，这标志着佛得角诗歌的诞生。1936年，他与巴塔萨尔·洛佩斯、曼努埃尔·洛佩斯三人共同创立了文学评论杂志《光明》，这标志着佛得角现代文学的诞生。巴尔博萨生于普拉亚，不久迁往圣维森特岛，在里斯本学习结束后住在萨尔岛，成为海关的公务员。1971 年，他在葡萄牙的里斯本逝

世。虽然巴尔博萨几乎没有受过正规的教育，但是作为第一位与古典派作家划清界限的诗人，他在佛得角文学史上具有特殊的地位，是佛得角现代文学的奠基人之一，以其诗作《失去的岛屿》闻名。

二 艺术

（一）戏剧电影

由于缺乏人力、物力等条件，佛得角迄今尚不具备独立制片的能力，只与国外合作拍摄过为数很少的纪录片。电影院放映的主要是美国、法国、葡萄牙等欧美国家的影片。

即使到19世纪末期，在佛得角戏剧仍不是很普遍，仅有少量带有宗教性质的戏剧表演。1868年，普拉亚诞生了首个被称为"非洲戏剧"（Teatro Africano）的剧团。20世纪四五十年代，佛得角第二大城市明德卢出现了许多娱乐性的俱乐部，带动成立了各种剧团。独立后，弗朗西斯科·弗拉戈索（Francisco Fragoso）创立了名为"觉醒吧，佛得角"（Awaken，Cape Verde）的剧团，致力于推出具有民族特色的戏剧，这被看作佛得角本土戏剧诞生的标志。在它们的带动下，20世纪80年代，许多比较著名的剧团脱颖而出，如圣维森特岛的Os Alegres、普拉亚的Rubon Manel、圣卡塔琳娜的OTACA、圣安唐岛的Juventude em Marcha等，但是由于彩排场所有限、资金不足以及公众不习惯去剧院看戏剧等，最终只有Juventude em Marcha以其喜剧风格生存下来。Juventude em Marcha目前仍是佛得角最受欢迎的剧团。1992年，在为佛得角的戏剧文化做出巨大贡献的葡萄牙著名艺术家乔·布兰科（João Branco）的领导下，明德卢葡萄牙艺术文化集团（Grupo de Teatro do Centro

Cultural Português do Mindelo，GTCCPM）成立，它改编了莎士比亚、莫里哀、加西亚·洛尔迦、贝克特的作品，并用葡萄牙语和克里奥尔语两种语言进行表演。1995 年，明德卢戏剧协会（The Mindelact Association）成立，该协会每年组织两次大型活动，一次是名为"三月，戏剧月"（March，Theatre Month）的系列表演，在各岛分别进行；另一次则是在非洲葡语国家中声名显著的明德卢国际戏剧节（the Mindelact International Theatre Festival）。佛得角现在不仅上演来自葡萄牙、巴西、安哥拉和法国等国家的戏剧，而且佛得角本土的剧团 GTCCPM、Juventude em Marcha，B'leza（圣尼古拉岛）、Ramonda（普拉亚）、Boa Esperança（圣卡塔琳娜）和 Estrelas do Sul（萨尔岛）也非常活跃，它们以明德卢国际戏剧节为平台，表演自己创作的戏剧。[①]

（二）音乐和舞蹈[②]

音乐和舞蹈是佛得角文化的重点。佛得角的音乐形式多种多样，最流行的是莫纳。莫纳旋律缓慢悠扬，并且多为小调音乐，适宜于表达游子离愁。此外，还有一些其他的舞蹈音乐，如富纳纳（funaná）和巴突克（batuque），这些舞曲在圣地亚哥岛非常流行。历史上，佛得角音乐的听众主要是岛上居民以及海外的佛得角人。但这种情况正在改变。著名歌手西莎莉亚·艾芙拉在国外的知名度使人们开始关注佛得角文化，并把佛得角的音乐推上

---

① Richard A. Lobban，Paul Khalil Saucier，*Historical Dictionary of the Republic of Cape Verde*，4th edition（The Scarecrow Press，2007），pp. 224 – 225.

② 可参见佛得角音乐网，http：//www. caboverde. com/music/。佛得角音乐网是一个介绍佛得角著名音乐家及其作品的网站。访客可以了解网站上所列的每位佛得角音乐家的生平简介以及他（她）们的音乐专辑信息。同时，访客还可以在线试听这些音乐家们的作品。

了国际舞台。

佛得角的歌舞艺术独具特色。佛得角的音乐和舞蹈由于受到非洲文化和欧洲文化的双重影响，因此既包含了非洲大陆的传统风情，又融合了欧洲歌舞的现代元素，形成独特的音乐风格。过去的乐曲大多是慢节奏的，现在逐渐发展为快、中、慢三种节奏。乐器以管弦为主，如六弦琴和小提琴，少有打击乐。声乐均曲调低沉，以怀旧为主旋律，代表性的曲调为莫纳，可歌可舞。每种类型的音乐都有其特定的配套舞蹈，流行音乐则给人以合成的感觉。

佛得角的音乐和舞蹈主要有以下几种。

1. 莫纳

莫纳是佛得角音乐中最有名的形式。在非洲、欧洲乃至南美洲文化的熏陶和浸染下，佛得角孕育出一种混合了"法多"（Fado）和爵士的音乐形态——莫纳。佛得角人通过莫纳这种音乐形式，讲述佛得角苦难的历史和控诉罪恶的奴隶贸易。此外，佛得角孤悬海外，当地人长期靠海为生，离别、贫穷、绝望和思乡之情成为莫纳经常抒发的主题，因此莫纳也被称为"海岛蓝调"。作为民族音乐，莫纳可用克里奥尔语和葡萄牙语演唱，已经成为佛得角人的精神寄托。

2. 富纳纳

传统的音乐形式除了莫纳，还包括富纳纳。富纳纳产生于圣地亚哥岛，以手风琴演奏为主，再配以铁棍作为节奏乐器。独立前，富纳纳被葡萄牙殖民当局当作非洲音乐而加以禁止。独立后，布拉蒙多（Bulimundo）等独立乐队对富纳纳进行改编，以迎合流行音乐听众的口味。而费纳松（Finaçon）乐队则将富纳纳和科拉德拉融合成一种被称为富拉科拉（funacola）的音乐形式。

3. 巴突克

巴突克是一种起源于非洲的融音乐和舞蹈为一体的艺术形式，也是佛得角最古老的艺术形式。但在殖民时代，巴突克为葡萄牙殖民者和教会所排斥，直到 20 世纪 90 年代才逐渐复兴，受到佛得角人的欢迎，在圣地亚哥岛尤其盛行。巴突克舞蹈主要是双脚前后交替，以跺脚的节奏进行表演，同时配以巴突克音乐和讽刺性或批判性的歌词。

4. 科拉德拉

科拉德拉（Coladeira）是佛得角一种融合了音乐和舞蹈的艺术形式，快而柔和，由莫纳演变而来。

（三）代表人物

1. 西莎莉亚·艾芙拉

1941 年 8 月 27 日出生于圣维森特岛的海港小城明德卢。艾芙拉的父亲是潦倒的乐师，母亲是帮佣，家庭贫困。7 岁那年，父亲去世，留下了她的母亲和七个孩子。10 岁那年，由于母亲实在难以抚养这几个孩子，于是她被送进孤儿院，孤儿院的唱诗班给了艾芙拉音乐的启蒙。十几岁的时候，艾芙拉经常到水手的客栈或者码头的轮船上唱歌，在当地小有名气。之后，她的歌声又进入佛得角的广播电台。20 世纪 60 年代，艾芙拉的两次广播音乐会都被录制成专辑在欧洲发行。

1988 年，在法国工作的佛得角籍音乐制作人若泽·达·席尔瓦（José da Silva）将艾芙拉带到巴黎灌制唱片。她的第一张专辑《赤脚歌者》在"莫纳"中融入了加勒比海、巴西和欧洲的流行音乐风格，吸引了一批漂泊法国的佛得角侨民的注意。为艾芙拉赢得广大听众的是她的第三张专辑《蓝色海洋》，这张发行于 1991 年的专辑回归莫纳的纯真本色，天然无雕琢。1992 年，艾芙拉的专辑《香气迷人》大获成功，仅在法国就售出 30 万张，在里斯本和巴黎的演唱会同样创造了门票收入纪录。她的巡回演出遍及欧洲乃至北美。在 1995 年、1997 年、2000 年、2001 年四次获得格莱美音乐奖提名后，艾芙拉在 2004 年凭借专辑 *VOZ D'Amor* 夺得格莱美"最佳当代世界音乐专辑奖"。

2011 年 12 月 17 日，艾芙拉在她的故乡佛得角去世，享年 70 岁。由于在舞台上一贯赤脚，以表达对贫穷的妇女和儿童的支持，她被人们称为"赤脚歌后"。法国报纸《世界报》[①] 在 1991 年评价艾芙拉时说她有着"可以融化人灵魂的好嗓子"。

2. 玛亚拉·安德拉德

安德拉德与"赤脚歌后"西莎莉亚齐名，因其对佛得角传统音乐莫纳的现代诠释而广受赞誉。安德拉德于 1985 年 2 月 13 日出生于古巴，但她的父母亲都是佛得角人。出生几天后她就随同父母回到佛得角，在佛得角度过童年。2002 年，她迁往巴黎并定居下来。在那里，她遇到了作曲家奥兰多·潘多拉（Orlando Pantera），由此开始了与他的合作，在葡语地区登台表演。16 岁时，安德拉德荣获 2001 届法语系运动会歌曲创作大赛奖，2007 年荣获德国唱片评论奖，2008 年荣获英国广播公司世界音乐新人奖，2013 年荣获 21 世纪女性音乐奖提名，2014 年她的专辑《可爱的困难》（*Lovely Difficult*）获"音乐赢家奖"音乐组提名。目前安德拉德已

---

① 法国第二大全国性日报，是法国在海外销售量最大的日报，在法语国家地区颇有影响力，国际知名度较高。

发行 4 本专辑，最新的一部专辑即 2013 年 11 月发行的《可爱的困难》大受欢迎，其中的歌曲使用葡萄牙语、克里奥尔语、法语和英语演唱。安德拉德热心慈善事业。2011 年，她与巴西乐队合作，为赤热组织① （Red Hot Organization） 录制了慈善唱片，将唱片获得的收入全部捐出，用于抗击艾滋病。

2010 年 10 月，为庆祝上海世界博览会佛得角馆日，佛得角两代歌后西莎莉亚·艾芙拉和玛亚拉·安德拉德在北京举办了一场名为"佛得角吹来的海风"的演唱会，把佛得角充满暖意的音乐首次呈现给中国观众，获得良好反响。

三 手工艺品

佛得角的手工艺品非常有特色。无论是从手工艺品的材料还是产品的主题来看，都生动地反映了当地人民的日常生活。陶艺是佛得角最古老的艺术形式之一，它起源于西部和中部非洲，其形式、创意和制作工艺主要受到非洲大陆陶艺的影响。红色的黏土是佛得角工匠们塑造典型形象时所必不可少的材料。编织的提篮、机织的衣服、棉线编织的挂毯、椰子壳做的雕塑、蜡染的布、贝壳做的装饰品等都是佛得角工匠极具代表性的作品。

到目前为止，除了来自博阿维斯塔岛的产品，佛得角生产的实用性物品的外形都沿袭了非洲的传统。20 世纪 60 年代，博阿维斯塔岛的陶器制作受到一位葡萄牙陶器制作者带来的产品的影响。当地的陶器制作者复制了这些"高档品"，并与传统形式相结合，从而制作出了与以往有很大不同的新产品。例如，博阿维斯塔岛的

---

① 赤热组织是非营利性国际组织，旨在通过流行文化来对抗艾滋病。

Binde（一种小碗）具有葡萄牙花瓶的形状。此外，一些女性陶艺制作者还用塑料和铝等材料制作出一些新产品，并把现代理念融入她们的作品。[①]

位于明德卢市的国家手工艺品中心于 2007 年开馆，其职能不仅在于展出民族手工艺品，而且包括研究、培训、生产、交易，并传播佛得角的各种手工艺。佛得角的民族博物馆位于普拉亚市，其中不仅展出了许多佛得角艺术家创作的作品，而且是了解佛得角历史的重要展馆。

四 体育

（一）足球

足球是佛得角最受欢迎的体育运动。2000 年以来，佛得角分为 11 个足球赛区，其中圣地亚哥岛和圣安唐岛分别拥有 2 个赛区（见表 6 - 7），而其他 7 个可居住的岛各划为 1 个赛区。佛得角足球协会（Federação Caboverdiana de Futebol）于 1986 年加入非洲足球联合会（Confederation of African Football，CAF）（以下简称"非洲足联"），于 2001 年加入国际足球联合会（Federation International of Football Association，FIFA）（以下简称"国际足联"）。

表 6 - 7　佛得角足球赛区

博阿维斯塔	布拉瓦	福古	马尤	萨尔	圣尼古拉
圣维森特	北圣地亚哥	南圣地亚哥	波多诺伏（圣安唐岛）	大里贝拉（圣安唐岛）	

资料来源：作者制作。

[①]　中非合作网，http：//www. zfhz. org/plus/view. php？aid = 3448&pageno = 2。

佛得角国家足球队由佛得角足球协会管理，是非洲国家足球队中一支实力偏下的球队，其最好成绩是在 2013 年的南非非洲杯上力压传统非洲强队摩洛哥和安哥拉进入八强。虽然在 1/4 决赛中 0：2 不敌加纳队被淘汰，但是仍然以精彩的表现给观众留下了深刻的印象。

（二）佛得角国家体育场

佛得角国家体育场位于首都普拉亚，总面积 15326 平方米，可容纳 15000 人，由中国援建，总投资 1.5 亿人民币，是佛得角有史以来规模最大的体育设施。佛得角希望以此为基础设施举办国际级大型比赛，如非洲杯等。

五　新闻出版

（一）报刊与杂志

佛得角新闻通讯社于 1998 年 2 月成立，由原《佛得角新报》、佛得角通讯社和佛得角出版社合并组成，主要向社会提供新闻资讯。

佛得角主要的报纸有《周报》《公民报》等，但以《周报》为主。

1.《周报》

《周报》（*A Semana*）是佛得角的重要报纸，于 1991 年创刊，每周发行一次，内容广泛，涵盖佛得角全国的重大事件以及每个岛的重大地区性事件。该报总部设在佛得角首都普拉亚，是佛得角发行量最大的报纸之一。该报除了报道体育、天气、商业新闻外，还设有特别版，用于报道佛得角的娱乐和文化活动。

2. 《艺术与文学》

《艺术与文学》（Artiletra）是一份葡萄牙文半月刊，既是报纸又是杂志，创刊于 1991 年 4 月 5 日，总部设在圣维森特岛的明德卢，是佛得角发行量最大的非综合性报纸。主要发表论文和随笔，以及通常由著名的佛得角作家创作的文学作品，如短篇小说和诗歌，内容涵盖佛得角的文化、教育和科学等方面。

3. 《岛屿快报》

《岛屿快报》（Expresso das Ilhas）是佛得角的周报，创刊于 1991 年，总部坐落于首都普拉亚，主要以葡萄牙语发行，是佛得角发行量最大的报纸之一。内容既有全国性的大事件，也有每个岛发生的重大事件，涉及体育、天气、商业和娱乐。该报与佛得角的政党民运党走得很近。

4. 《公民报》

《公民报》（Jornal o Cidadão）创刊于 1988 年，每周发行一次，是佛得角最重要的报纸之一，总部设在圣维森特岛的明德卢。《公民报》报道的内容除了涵盖体育、天气、商业外，还包括新闻故事、新闻图片和在线体育等。

5. 《地平线报》

《地平线报》（Jornal Horizonte）创刊于 1988 年，总部设在首都普拉亚，每周发行一次。内容既有全国性的重大事件，也涵盖每个岛的地方性新闻，包括体育、天气、商业和娱乐，此外还包括新闻故事、新闻图片和在线体育等。

6. 《新大陆报》

《新大陆报》（Terra Nova）主要报道圣维森特岛发生的重大事件。创立于 1975 年，总部设在佛得角第二大城市明德卢，是圣维森特岛乃至佛得角发行量最大的报纸之一，也是佛得角历史最悠久的报纸之一。

（二）广播电视

佛得角广播服务开始于 20 世纪 50 年代，主要播送新闻和体育消息。直到 20 世纪末佛得角才开始有电视服务，主要播出社会新闻、体育新闻以及纪录片等。2000 年，佛得角开始转播世界杯。2007 年，中国厦门市信诺立电子有限公司的全资（中资）子公司——佛得角信诺立电子通信数字电视服务有限公司（CVXTV）在佛得角启动无线电视的预订服务。CVXTV 有线电视的费用约为佛得角垄断运营商——佛得角电信（ZAP TV）的一半，这对佛得角电信（ZAP TV）垄断佛得角有线电视业务构成强有力的挑战。佛得角地面数码电视（DDT）已于 2016 年初首播。

佛得角的广播电视台主要有以下几个。

1. "迎风群岛广播"

"迎风群岛广播"（Rádio Barlavento）是佛得角一家地方电台，用葡萄牙语广播，创立于 1974 年，为包括圣安唐岛、圣维森特岛、圣尼古拉岛、萨尔岛和博阿维斯塔岛等岛在内的整个迎风群岛提供服务。"迎风群岛广播"电台坐落于明德卢市区，主要播放佛得角传统的音乐节目以及来自世界各地的节目。

2. "明德卢广播俱乐部"

"明德卢广播俱乐部"（Rádio Clube do Mindelo）是用葡萄牙语广播的地方电台，成立于 20 世纪 90 年代，服务对象和播放内容与"迎风群岛广播"一样。

3. "佛得角广播电视台"

"佛得角广播电视台"（Radio Televisão Caboverdiana，RTC）是

佛得角唯一的国家电视台，1997 年 8 月 1 日由佛得角国家电台和佛得角国家电视台合并而成，广播使用葡萄牙语和克里奥尔语，早 6：00 至晚 12：00 开播。电视台基本覆盖全国，不仅播出新闻、体育和其他电视节目，而且直接转播葡萄牙、巴西乃至拉丁美洲的足球节目。电视频道的标志为 TCV。2003 年 6 月，法国的几位资深电视专家来到普拉亚，帮助佛得角实现国家电视网络现代化。目前，约 65% 的佛得角人能够收看该电视频道的节目。

六　饮食文化

佛得角有丰富的鱼类和各种各样的海产品，所以鲜鱼和海鲜是佛得角永恒不变的传统美食。与龙虾、螃蟹相比，佛得角人更喜欢鱼类和贝类。比如，新鲜的金枪鱼的烹饪方法很多，可以清炖、烧烤或者和洋葱一起烹饪，或者做成鲜香浓厚的咖喱鱼。在这里，人们还可以品尝到用鲜鱼、甜薯、生香蕉、树薯粉做的新鲜鱼汤和炸鳗鱼。

佛得角有一道别具风味的传统菜肴，即把玉米、芸豆和土豆焖至烂熟，再投入切成小块的猪肉、鱼肉、牛肉或香肠，待肉熟后加上适量的蔬菜，煮成粥状，俗称"卡蔬巴"（cachupa）。"卡蔬巴"是佛得角最著名、最受欢迎，也是最具民族特色的一道菜。佛得角人还爱吃炭烤蔬菜，把玉米、辣椒、节瓜与胡萝卜等健康食材串起来烧烤，兼具美味和营养。此外，一种用玉米面做成的叫作"库斯库斯"的糕也是佛得角人的主食之一，用来待客。

当地著名的酒精饮料是"火酒"，用甘蔗酿成。此外，还有各种带有天然果香和药草香味的传统的家庭自酿酒。

在城市，人们在吃饭时刀叉并用；而在农村，人们则喜欢用匙。

七　其他

由于长期受到葡萄牙的殖民统治，佛得角的人名也与葡萄牙相同，即教名＋自选名＋母姓＋父姓，其中自选名可多可少，甚至可以省略，如作家和诗人巴尔塔萨·洛佩斯·达席尔瓦（Baltasar Lopes da Lopes）的名字中省略了自选名；新闻记者阿尔梅尼奥·阿德罗亚尔多·维埃拉－席尔瓦（Arménio Adroaldo Vieira e Silva）的父姓"维埃拉－席尔瓦"（Vieira e Silva）为复姓；第二任总理卡洛斯·阿尔贝托·瓦农·德卡瓦略·韦加（Carlos Alberto Wahnon de Carvalho Veiga）的名字中有两个自选名。

妇女结婚后要改随夫姓，如第三任总统若热·卡洛斯·阿尔梅达·丰塞卡（Jorge Carlos de Almeida Fonseca）的夫人利贾·丰塞卡（Lígia Fonseca）就使用了丈夫的姓氏丰塞卡（Fonseca）。

与其他葡语国家不同，在佛得角，子女只需继承父亲的姓氏，如佛得角前总统阿尔梅达·丰塞卡的女儿丽塔·丰塞卡（Rita Fonseca）的姓氏就是她父亲的姓氏。

第七章

外　交

　　佛得角奉行和平、中立和不结盟的外交政策，主张外交为发展服务，愿意在相互尊重主权、互不干涉内政、平等互利的基础上与世界各国发展友好合作关系。佛得角与葡语国家和佛得角侨民接收国（如美国）保持着特殊的关系。佛得角现为联合国、世界贸易组织、不结盟运动、葡语国家共同体、法语国家组织、非洲联盟、西非国家经济共同体等组织的成员，同 110 个国家建立了外交关系，是葡语国家共同体创始国之一。中国与佛得角于 1976 年 4 月 25 日建交，建交以来，两国之间的合作不断扩大，友谊不断加深，堪称中非关系的榜样。

第一节　外交简史

　　独立后，佛得角奉行务实的外交政策，与世界各国建立了良好的外交关系。对外，它奉行不结盟政策，注意维护民族独立和国家主权；强调非洲团结，反对种族主义；表示要"在东西方之间维持平衡"，争取多方援助，而"不倒向任何一方"。

　　佛得角资源匮乏，恶劣的自然环境和对粮食援助的高度依赖决定了佛得角不得不采取和所有国家友好相处的对外政策。1975 年

独立后，奉行不结盟的务实外交政策使佛得角有可能获得尽可能多的外援，以减轻国内干旱的影响和促进发展。比如，在种族隔离时代，泛非航空公司的飞机被允许降落在萨尔岛的国际机场上。非洲统一组织（Organization of African Unity，OAU）反对佛得角这样做，但贫困使佛得角别无选择。后来，南非非洲人国民大会（African National Congress，ANC）主席奥利弗·坦博（Oliver Tambo）于1986年3月访问佛得角群岛时不得不承认佛得角无力对南非采取经济上的制裁。

与南非的空中联系以及与前葡属殖民地（Lusophone）国家的历史联系使佛得角能够在南部非洲国家间的谈判中扮演重要的角色。1982年12月8日，安哥拉和南非之间的第一次官方会谈在萨尔岛上举行。

佩雷拉总统在前葡属殖民地国家中德高望重，1984年，他介入莫桑比克和南非之间的谈判，促成双方签署了互不侵犯和睦邻友好协定。

佛得角的战略位置非常重要，处于大西洋航线的十字路口，而且外援和侨汇是佛得角重要的财政来源，因此佛得角同美国、俄罗斯以及欧洲其他国家都保持着友好关系，并得到它们的经济援助。佛得角在美国的侨民已超过30万人，美国是向佛得角提供援助最多的国家之一。早在1981年，美国就向佛得角提供了粮食，满足了其25%的需求。与此同时，佛得角又和苏联保持着密切关系。独立后，对佛得角的军事援助主要来自苏联阵营。苏联阵营在佛得角独立前就开始支持几佛独立党。独立后，苏联为佛得角培训行政干部和军警，并为其提供武器装备。1980年，苏联提出在佛得角建立军事基地的要求，但遭到佩雷拉总统严词拒绝。①

1990 年实行多党制后，佛得角继续采取活跃的外交政策，同葡萄牙以及前葡属殖民地国家建立了紧密的联系。佛得角积极促成莫桑比克和安哥拉内部敌对派系的和解，并参加了 1993 年 5 月 5 日在圣多美召开的前葡属殖民地国家会议。此次会议同意由佛得角与圣多美和普林西比两国继续同安哥拉的"争取安哥拉彻底独立全国联盟"（Uniao Nacional Para Independencia Total de Angola，UNITA）和莫桑比克的"莫桑比克全国抵抗运动"（Renamo）保持联系，促使它们的领导人表现出更多的灵活性。最终，"莫桑比克全国抵抗运动"同意配合莫桑比克的和平进程。不久以后，"争取安哥拉彻底独立全国联盟"也接受在安哥拉停火，从而为建立葡语国家共同体扫清了道路。这一共同体的建立是在 1994 年 2 月由佛得角和 5 个前葡属殖民地国家圣多美和普林西比、几内亚比绍、安哥拉、莫桑比克、巴西以及葡萄牙一致同意的基础上实现的。

21 世纪以来，佛得角继续与美国、欧盟、葡萄牙以及其他葡语国家保持密切的联系，积极参与国际事务。2007 年 10 月，佛得角宣布与欧盟建立特殊伙伴关系，成为第一个与欧盟建立上述关系的非洲国家。佛得角强调葡语国家间的"共同文化属性"，主张成员国间加强政治、外交、经济和社会方面的合作。2016 年，佛得角接任葡语国家共同体轮值主席国。此外，佛得角还积极推动联合国改革，促进非洲联盟等国际组织的发展和团结，呼吁非洲各国广泛参与非洲联盟的建设。

---

① 参见赵永和、嵇静珍《地处要冲的岛国——佛得角》，《世界知识》1982 年第 9 期。

第二节 外交政策

在国际上，佛得角呼吁建立国际政治经济新秩序，支持世界多极化，致力于发展非洲认同、推进非洲统一和整合，认为恐怖主义破坏了人类社会的和平、安全与发展，在气候变化和环境保护方面倡导尊重共同但有区别的原则。

一 政策主张

佛得角宪法对佛得角的外交政策做了明确全面的规定：

佛得角政府在国际关系中奉行独立、尊重国际法和人权、国家平等、不干涉其他国家内政、互惠互利、广泛合作以及和平共处的政策。愿在相互尊重主权、互不干涉内政、平等互利的基础上与世界各国发展友好合作关系，但与葡语国家和佛得角侨民接收国保持特殊的友谊。

佛得角支持民族自决权和独立权，支持各国反对殖民主义和政治、军事侵略与占领的斗争。佛得角不允许在其领土上建立军事基地，也不为任何侵略行动提供方便。

佛得角政府倡导消除压迫和侵略，支持裁军和和平解决国际冲突，愿为和平解决冲突、实现国际和平和公正，以及尊重人权和基本自由提供一切必要的合作。

佛得角政府主张建立公正的能在各民族间实现和平和友谊的国际秩序，支持国际社会旨在确保《联合国宪章》基本原则的所有努力。

佛得角政府致力于发展非洲认同、推进非洲的统一和整合，为加强非洲人民的发展、民主、进步和福利，尊重人权以及和平和公正而努力。

关于国际法，佛得角认为国际法是佛得角司法体系中不可分割的一部分；合法签署或批准的国际条约和协定适用于佛得角，对佛得角具有法律约束力。佛得角加入的跨国组织及其相关机构施行的法律行为适用于佛得角国内法律体系。

佛得角实行双重国籍政策。

二　对当前重大国际问题的态度①

关于国际形势，佛得角领导人认为冷战结束并未给世界人民带来其所希望的和平与安全，国家间发展不平衡加剧，南北、贫富差距并未随着经济和信息技术的发展而缩小，不合理的经济秩序是导致亿万人民贫穷和许多国家政局不稳定的根源；认为联合国应在维护国际和平、安全和促进世界经济发展中发挥决定性作用，呼吁建立国际政治经济新秩序；认为当前的世界格局是一超多强，国际关系失衡，支持世界多极化。

关于非洲形势，佛得角领导人认为发展、安全与和平是相互关联的，和平是非洲最根本的需要，必须减少或避免武装冲突；赞成非洲民主化和经济一体化；认为非洲大陆在民主化和解决冲突方面取得了显著进展。

关于非洲联盟，佛得角领导人认为非洲联盟是促进非洲发展、实现非洲各国共同进步的联盟，为非洲创造了寻求广泛的政治和经济机遇的组织条件；呼吁非洲各国广泛参与非洲联盟建设。

---

① 本部分内容根据佛得角领导人在联合国历次大会上的发言整理，http：//gadebate. un. org/67/cabo-verde。

关于联合国和安理会改革，佛得角领导人认为联合国需要改革，但应将重点放在发展问题上；支持安理会扩大，增加安理会非常任理事国席位，使联合国均衡照顾大小国家的利益，保证包括非洲在内的世界所有地区都能参与联合国决策；坚持非洲联盟共同立场。

关于贫困问题，佛得角领导人认为应通过发展来根除贫困及由此产生的社会弊端，如疾病、文盲、环境恶化等；呼吁国际社会帮助贫穷国家发展经济、消除贫困，制定发展目标时应以人为本，致力于消除极端贫困和国家间的不平等。

关于人权问题，佛得角领导人认为生存和发展是最基本的人权，如果不解决贫困问题，国家就没有发展，基本的人权就得不到保障；呼吁国际社会关注发展问题，认为发展目标的设立必须严格尊重人权，鼓励各国政府考虑共同利益和全体公民的福祉并为此实施发展政策和方案。

关于反恐问题，佛得角领导人强烈谴责国际恐怖主义活动，认为恐怖主义破坏了人类社会的和平、安全与发展，威胁到了主权完整和非洲地区的稳定；认为恐怖主义严重违反人权，野蛮残暴，是不可接受的；呼吁国际社会加大反恐力度以根除恐怖主义，承诺在与恐怖主义以及有组织犯罪的斗争中和联合国密切合作，支持以根除恐怖主义为目的的军事行动；主张通过发展经济、提高各国解决困难的能力来防止恐怖主义滋生。

关于中东问题，佛得角领导人认为联合国应在中东问题上发挥重要的决定性作用；一切解决冲突的方案应尊重巴勒斯坦人民的自主权，同时维护以色列的权利，在建立稳定边界的前提下和平共处，缓解以色列和阿拉伯国家之间的民族矛盾。

关于环境保护，佛得角领导人认为岛屿国家在面对气候变化时是非常脆弱的，找到应对气候变化带来的负面影响的办法是关系它们生存和主权完整的事情，因此有必要强化政治意愿和开展国际合作；支持将环境保护措施作为可持续发展的目标之一，支持限制全球温度，使其维持在比工业化前水平高1.5摄氏度的水平上；在气候变化和环境保护方面呼吁尊重共同但有区别的原则。

第三节 双边关系

佛得角同110个国家建立了外交关系，但与葡萄牙、美国、欧盟、葡语国家共同体成员国之间交往频繁，关系密切。中华人民共和国与佛得角共和国于1976年4月25日建交，中佛建交以来，两国在政治、经济、文化等领域展开了全面合作，两国关系取得了长足发展。

一 同葡萄牙的关系

佛得角曾是葡萄牙的殖民地，佛葡关系源远流长。在1456年葡萄牙人抵达佛得角时，岛上还无人居住。葡萄牙人到来之后，这里就成为葡萄牙的殖民地。由于地处非洲外海，适合货物集散，于是佛得角逐渐发展为重要的港口，以后又成为买卖黑奴的交易枢纽。葡萄牙语是佛得角官方语言，西非词汇和葡萄牙文融合形成的克里奥尔语则成为本地的民族语言。佛得角人和葡萄牙人一样，都信奉天主教。1975年佛得角独立后，两国始终保持着特殊关系，佛得角被称为"非洲的葡萄牙"。

两国高层交往频繁，各领域合作密切，两国均为葡语国家共同体成员国。21世纪以来，双方高层交往更加频繁，经常就两国关系和国际事务交换意见。

2007 年，佛得角总统皮雷斯、总理内韦斯、外长博尔热斯先后访葡。2008 年 7 月，佛得角总统皮雷斯访问葡萄牙。11 月，佛得角总理内韦斯、外长布里托先后访葡。同月，葡萄牙议长伽马访佛。12 月，双方签署预算援助谅解备忘录，葡萄牙承诺 2009 年向佛得角提供 150 万欧元预算援助。2009 年 3 月，葡萄牙总理苏格拉底访佛。2010 年 6 月，内韦斯总理出席在葡萄牙举行的第一届佛葡首脑会议。7 月，葡萄牙总统席尔瓦访佛。11 月，利马议长访葡。2011 年 6 月，皮雷斯总统访葡。7 月，佛得角新任外长博尔热斯访葡。2012 年 6 月，丰塞卡总统对葡萄牙进行国事访问。8 月，葡萄牙外长波尔塔斯访佛，双方签署合作协议，葡萄牙将在 2012 ~ 2015 年援助佛得角 5600 万欧元。9 月，内韦斯总理访葡。12 月，葡萄牙总理科埃略访问佛得角，出席第二届佛葡首脑会议。2013 年 2 月，内韦斯总理回访葡萄牙。2014 年 4 月，内韦斯总理在出访梵蒂冈后回国途中过境葡萄牙，会见葡总理科埃略。12 月，内韦斯总理访葡。

2010 年 6 月，佛得角与葡萄牙在里斯本举行第一次首脑会议，2012 年 12 月在明德卢举行第二次首脑会议。两次会议共签署了 1 份联合声明、7 份议定书和两份协议，其中 7 份议定书涵盖了财经、教育、能源、内部行政、科学和科学研究以及卫生等领域；两项协议则涉及社会保障和国防，与 2012 年 8 月两国签署的"指导性合作计划"相互补充。第三次佛葡首脑会议于 2014 年 12 月在葡萄牙首都里斯本举行。为落实双方在第三次双边峰会上制定的海洋战略目标，2014 年葡萄牙与佛得角签署了 11 份合作协议，涵盖多个领域的内容，其中一份谅解备忘录涉及海洋相关文献，旨在普及对海洋事务的认知；第二份涉及双方在佛得角有主权或司法管辖权的海域之联合监督管理；第三份是有关高等教育和大专教育领域的谅解备忘录，范围涵盖教育、卫生、语言和经济。葡萄牙和佛得角政府第四次首脑会议于 2017 年 2 月 20 日在普拉亚举行，会议决定以 1.2 亿欧元资金支持佛得角的新战略合作方案（2017～2021 年）。该方案涵盖卫生、教育、文化、安全和国防等部门。[①] 2016 年 5 月，佛得角总统丰塞卡访问葡萄牙，在里斯本会见了葡萄牙总统马塞洛·索萨。[②]

葡萄牙是佛得角最大的援助国。葡萄牙对佛得角的援助是全面的，不仅对许多重要的基础设施如公路、港口、机场、大坝等，而且对教育、减贫、人才培训、宏观经济稳定、文化遗产的恢复与保护等进行资助。葡萄牙是向佛得角提供直接预算援助的国家之一，2008～2011 年，葡萄牙共向佛得角提供 700 万欧元的援助。葡萄牙还于 2009 年为佛得角开立两笔贷款，每笔涉资 2 亿欧元，用以支持房屋、港口设施等项目，另有两笔每笔 1 亿美元的信贷，主要用于可再生能源和公路。2010 年，葡萄牙与佛得角签署 2 亿欧元的社会住房建设信用额度协议，以支持佛得角住房建设项目，据此佛得角政府制订了"全民家园"计划，极大地填补了佛得角的住房缺口。2011 年，葡萄牙出资帮助佛得角修建三座大坝：圣地亚哥岛大里贝拉市的萨利内罗河（Salineiro）大坝、圣萨尔瓦多市的哈弗塔河（Faveta）大坝和圣卡塔琳娜县的查科河（Charco）大

---

① 参见《葡萄牙和佛得角签署 11 份合作协议》，http：//www. macauhub. com. mo/cn/2014/12/18/；《葡萄牙与佛得角签署新战略合作方案》，http：//www. macauhub. com. mo/cn/2017/02/17/；《佛得角和葡萄牙政府 2017 年 2 月举行首脑会议》，http：//www. macauhub. com. mo/cn/2016/12/19/。

② 《5 月 17 日至 20 日佛得角总统丰塞卡将访问葡萄牙》，中华人民共和国驻佛得角共和国大使馆经济商务参赞处网站，http：//cv. mofcom. gov. cn/article/jmxw/201605/20160501315963. shtml。

坝。此外，2010 年葡萄牙提供 5170 万欧元信贷资助佛得角修建了 Canto da Cangarra 大坝，这是首个在圣安唐岛建造的大坝，耗资 520 万欧元。[①] 2014 年，葡萄牙政府为援助佛得角开立了一笔为期 35 年（宽限期 15 年）的 3000 万欧元的信贷，用于采购葡萄牙的货物和服务。

葡萄牙是佛得角重要的贸易伙伴。2008 年，佛得角市场上有 3689 家葡萄牙公司经营出口货物和提供贸易服务，比 2003 年增加了 7.5%。2012 年，2800 家葡萄牙公司与佛得角有直接或间接贸易关系。2011 年，葡萄牙占佛得角出口总额的 18.9%，占佛得角进口总额的 37.0%；2013 年，葡萄牙占佛得角出口总额的 19.4%，占佛得角进口总额的 33.5%。[②] 佛得角国家统计局 2017 年公布的外贸数据显示，2016 年，葡萄牙占佛得角出口总额的 19.2%，居第二位；占佛得角进口总额的 46.5%，是佛得角最大的进口供应国。[③]

表 7 - 1　2013 ~ 2016 年佛得角与葡萄牙间贸易额

单位：百万美元

年份	2013	2014	2015	2016
佛得角向葡萄牙出口	110.36	94.35	54.54	61.59
佛得角从葡萄牙进口	292.30	299.98	263.86	317.61

资料来源：国际货币基金组织网站，http://data.imf.org/? sk = 9D6028D4 - F14A - 464C - A2F2 - 59B2CD424B85&ss = 1454702198568。

① 《葡萄牙财团交付佛得角建成大坝》，http://www.macauhub.com.mo/cn/2014/11/14/。
② http://www.eiu.com/home.aspx.
③ 《2016 年佛得角外贸进口上升和出口下降各一成》，中华人民共和国驻佛得角共和国大使馆经济商务参赞处网站，http://cv.mofcom.gov.cn/article/jmxw/201702/20170202509268.shtml。

由于历史原因，葡萄牙始终是佛得角重要的外资来源国之一。2012 年以来，葡萄牙对佛得角的直接投资基本维持在 3 亿美元以上（见表 7 - 2），但在 2015 年有所下降。葡萄牙在佛得角投资的重点领域是金融业、房地产业和旅游业。

表 7 - 2   2012 ~ 2015 年葡萄牙对佛得角的直接投资

单位：百万美元

年份	2012	2013	2014	2015
葡萄牙对佛得角的直接投资	347	375	362	287

资料来源：国际货币基金组织网站，http：//www. imf. org/externallindex. htm。

此外，佛得角与葡萄牙之间的教育和人文交流也非常密切。佛得角高等教育学院和综合性大学的师资力量大多来自葡萄牙。葡萄牙是佛得角最大的游客来源国之一，也是佛得角移民的主要目的地。许多佛得角人渴望拿到一本葡萄牙护照。佛得角国家统计局的统计数据显示，2013 年葡萄牙接收了佛得角 11900 名移民中的 56.4%。由于实行双重国籍政策，这些加入葡萄牙国籍的佛得角人仍然保留着佛得角国籍，他们定期将收入的一部分寄回国内。因此，葡萄牙还是佛得角侨汇最主要的来源国之一。

二 同美国的关系

（一）佛美政治关系

佛美关系有很深的历史渊源。早在 18 世纪 40 年代，美国捕鲸船就从布拉瓦岛和福古岛招募船员，有些来自美国的船只定期停泊在佛得角的港口开展贸易。佛得角人从那时就开始向美国移民，并持续至今。现在约有 4000 名美国人居住在佛得角，而佛得角裔美国人（主要在马萨诸塞州和罗德岛）社区是世界上最大的海外佛得角人社区。美国于 1818 年在佛得角设立领事馆，这是美国在撒哈拉以南非洲国家设立的第一个领事馆。

1975 年佛得角独立后佛美建交，两国关系一直发展良好。自 1977 年以来，佛得角已派出 250 人赴美国接受培训。美国在佛得角的和平队员先后有 200 余人。佛得角是美国在西非的重要伙伴。由于佛得角地处各大洲的十字路口，故毒品走私极为猖獗，佛得角与美国执法人员合作打击毒品走私。2001 年 "9·11" 事件发生后，佛得角政府声明愿为美国提供打击恐怖主义的一切支持，包括允许其使用萨尔国际机场。2012 年 1 月，美国国务卿希拉里过境佛得角。2012 年 9 月，丰塞卡总统在赴纽约出席联合国大会之前赴美国波士顿访问。2013 年 3 月，内韦斯总理应邀赴美出席奥巴马总统与非洲四国（佛得角、塞拉利昂、塞内加尔、马拉维）领导人会晤。2014 年 5 月，美国国务卿克里过境佛得角。8 月，丰塞卡总统出席首届美非峰会。

（二）佛美经贸关系

美国是佛得角重要的援助国和贸易伙伴国之一。2004 年 5 月，佛得角成为第一批接受美国 "千年挑战账户"（Millenium Challenge Corporation，MCC）援助的国家之一，美国向佛得角提供的首期援助共计 1.1 亿美元，主要用于改善佛得角的投资环境，帮助佛得角政府改革金融系统，实施财政改革，提高农业生产率，建设或修缮公路、桥梁、港口，以及为公众提供市场、工作和社会服务。美国提供给佛得角的首期援助于 2010 年底到期。[①] 2012 年 2 月，美国和佛得角签署"千年挑战账户"二期协议，佛得角成为第一个"千年挑战账户"二期项目受惠国。根据协议，美国向佛得角提供 6620 万美元援助，主要用于改善饮用水、卫生设施以及进行土地管理改革。[②]

美国在安全、反毒品和法律实施方面对佛得角的援助虽然有限，但效果显著，使佛得角军队和警察能够更有效地应对各种安全挑战。2011 年，美国非洲司令部与佛得角武装部队签署了一份价值 20 万美元的合作协议，以供佛得角海岸警卫队购买巡逻舰。2010 年 6 月，海事安全中心在佛得角首都举行落成典礼。此中心是美国在非洲的第二个海事安全中心，耗资 300 万美元。

2002 年 9 月，美国政府批准佛得角为《非洲增长与机遇法案》受惠国，允许佛得角向美国出口的服装、鞋类产品享受无配额限制、零关税的优惠待遇。2008 年，佛得角成为中等收入国家，因此自 2010 年 1 月 1 日起，美国取消了佛得角输美产品的普惠制待遇。对此，佛得角经济部部长指出，由于佛得角对美国的出口额很低，2009 年 1~10 月仅为 14000 美元，因此美国的这一做法对佛得角经济不会造成任何影响，也不影响佛得角继续享受美国《非洲增长与机遇法案》规定的其他优惠政策。2011 年以来，佛得角与美国之间的贸易额波动较大，以佛得角向美国出口为例，2011 年仅为 59 万美元，但 2014 年高达 3430 万美元，进口也是如此（见表 7-3）。

---

① 《美国向佛得角提供了 950 万美元的世纪挑战帐户援助》，http://www.macauhub.com.mo/cn/2007/07/05/3320/。

② 《佛得角是惟一一个被美国选中获得第二期世纪挑战公司援助契约的国家》，http://www.macauhub.com.mo/cn/2009/12/11/8255/。

表 7 - 3   2011～2016 年佛得角与美国间贸易额

单位：百万美元

年份	2011	2012	2013	2014	2015	2016
佛得角对美国出口	0.59	1.00	2.17	34.30	1.70	3.10
佛得角从美国进口	14.22	69.94	11.59	13.05	12.37	14.74

资料来源：国际货币基金组织网站，http：//www.imf.org/externallindex.htm。

美国出口佛得角的产品主要有家禽、低附加值的船只、汽车、机械、香水和化妆品等。美国从佛得角进口的产品包括朗姆酒、鱼制品、玩具和体育器材等。佛美签有航空合作协议，因此佛得角有飞机直飞美国波士顿。

（三）佛得角裔美国人

目前佛得角在美国有 30 万侨民，年均侨汇有 1000 多万美元。佛得角人移民去美国始于 18 世纪中期。当时美国新英格兰的捕鲸船大多雇用佛得角人，捕鲸船船长认为佛得角人"工作勤劳，乐于储蓄，诚实，且要求的工资远低于美国海员，更重要的是佛得角人守纪律"，因此很乐意雇用佛得角人作为船员，被捕鲸船雇用的佛得角人成为第一批移民美国的佛得角人。

19 世纪和 20 世纪初，移民美国的主要是佛得角的贫困阶层。1922 年，美国政府开始限制有色人种移民美国，从而大大减少了佛得角移民。这一新规定还阻止了佛得角裔美国人回佛得角探亲，因为他们探完亲回美国时会被拒签。这导致佛得角裔美国人和本土佛得角人相互隔离长达约 40 年。前往美国的大门关闭后，佛得角人转而开始大规模地移民欧洲、南美和西非。

1965 年，美国通过《移民与国籍法》。根据该法，1966 年美国政府放松了移民规定，佛得角新一轮的移民涌入美国。1975 年佛得角独立后，佛得角政府实行双重国籍政策，从而进一步推动佛得角人向外移民。到目前为止，佛得角人仍不断地移民美国。佛得角裔美国人主要居住在马萨诸塞州和罗德岛州，以及东南部的佛罗里达州和西部的加利福尼亚州。

三　同欧盟的关系

双方关系密切，互派有常驻代表。长期以来，欧盟向佛得角提供了大量援助。2007 年 10 月，欧盟与佛得角宣布建立特殊伙伴关系，合作范围涵盖六大领域——良好管理、区域一体化、技术和监管融合、安全性和稳定性、知识社会、消除贫困和支持发展，佛得角成为第一个与欧盟建立上述关系的非洲国家。2010 年，内韦斯总理接连访问比利时、荷兰、卢森堡、西班牙、意大利、法国，并出席在尼斯举行的第 25 届法非首脑会议；11 月，皮雷斯总统出席在利比亚举行的第三届欧非峰会。2011 年 9 月，丰塞卡总统对葡萄牙、西班牙进行私人访问；12 月，欧盟决定免除从佛得角进口产品关税并取消对佛得角进口配额限制，给予佛得角"普遍优惠制"（普惠制）待遇，即优惠关税待遇。2012 年 4 月，内韦斯总理对葡萄牙、比利时、卢森堡、德国四国进行工作访问；10 月，欧盟委员会主席巴罗佐访问佛得角，双方签署了签证便利协议。2013 年，佛得角与欧盟签署财政支持协议，欧盟将在三年内向佛得角提供 3100 万欧元财政支持，用于医疗卫生等领域。2013 年 11 月，欧洲议会批准了欧盟与佛得角签署的签证便利协议和非法移民遣返协议。2014 年 3 月，卢森堡首相贝特尔访问佛得角；4 月，丰塞卡总统出席第四届欧非峰会。2015 年 5 月，佛得角和欧盟将 2007 年启动的特殊伙伴关系扩大到新的领域（可再生能源、加强私营部门的合作）。2016 年，欧盟向佛得角捐赠 1800 万欧元，用于支持佛得角对抗失业。

从全球来看，欧盟是佛得角最大的贸易伙伴之一。2016 年佛得角向欧盟出口 58.13 亿埃斯库多（约合 0.58 亿美元），占其出口总额的 97.4%；从欧盟进口 524.19 亿埃斯库多（约合 5.24 亿美元），占其进口总额的 79.0%。[①]

四　同葡语国家共同体的关系

1996 年 7 月 17 日，佛得角加入葡语国家共同体，成为创始国之一。佛得角强调葡语国家间的"共同文化属性"，主张成员国间加强政治、外交、经济和社会方面的合作。2004 年 7 月，佛得角常驻联合国代表丰塞卡在第 5 届葡语国家共同体首脑会议上当选葡语国家共同体执行秘书。2008 年 4 月、10 月、11 月，葡语国家共同体卫生部长会议、海关关长会议、议会秘书长会议分别在佛得角召开。

2008 年 6 月，葡语国家共同体执行秘书丰塞卡访问佛得角。2010 年 8 月，内韦斯总理访问安哥拉。2011 年 7 月，佛得角新任外长博尔热斯访问安哥拉；9 月，几内亚比绍总统萨尼亚、安哥拉副总统费尔南多赴佛得角出席佛得角前总统佩雷拉的葬礼；10 月，丰塞卡总统赴巴西出席第 21 届伊比利亚美洲国家首脑会议；11 月，博尔热斯外长访问几内亚比绍。2012 年 11 月，丰塞卡总统访问东帝汶。2013 年 4 月，葡语国家共同体执行秘书穆拉尔基访问佛得角；

---

① 《2016 年佛得角对外贸易总额上升，但从中国进口贸易额下降》，中华人民共和国驻佛得角共和国大使馆经济商务参赞处网站，http：//cv. mofcom. gov. cn/article/sqfb/201704/20170402552490. shtml。

11月，丰塞卡总统访问安哥拉。2014年6月，内韦斯总理访问安哥拉。同月，丰塞卡总统在赴几内亚比绍出席瓦斯总统就职仪式后赴安哥拉出席非洲葡语国家峰会。7月，博尔热斯外长代表内韦斯总理赴东帝汶出席葡语国家共同体峰会，支持赤道几内亚加入葡语国家共同体。2016年，佛得角接任葡语国家共同体轮值主席国。

五　同中国的关系①

（一）双边政治关系

中华人民共和国与佛得角共和国于1976年4月25日建交。中佛建交以来，两国关系取得了长足发展。双方在政治上相互理解、信任和支持，佛得角政府奉行"一个中国"政策，并强调这是佛得角政府的基本立场；在经贸、文化、卫生等领域的合作不断扩大，两国人民之间的友谊不断加深；在国际事务中相互支持，密切配合。2006年，中国外长李肇星在访问佛得角时称赞佛得角是中非关系的榜样。②

（二）双边经贸关系和经济技术合作

建交以来，中佛两国于1998年4月签订了关于鼓励和相互保护投资协定，于1999年5月签订了贸易和经济合作协定，于2009年签署了关于成立经济、贸易和技术合作联合委员会（以下简称"经贸联委会"）的协定。受制于国家规模，佛得角对中国的贸易额比较有限，基本均为中国出口，主要出口商品为机电和轻工产

---

① 《中国与佛得角建交38周年》，中非合作网，http：//www.zfhn.org/plus/view.php？aid=6825。

② 《中国外长称佛得角是中非关系的榜样》，http：//www.macauhub.com.mo/cn/2006/03/08/654/。

品。2010 年 7 月，中佛经贸联委会首次会议在北京举行。此后两
国贸易额增长迅速。2015 年，中佛贸易额为 3566 万美元，其中佛
得角从中国进口 3364 万美元，对中国出口 202 万美元，贸易逆差
为 3162 万美元（见表 7 - 4）。

表 7 - 4　2010 ~ 2015 年佛得角与中国间贸易额

单位：万美元

年份	2010	2011	2012	2013	2014	2015
佛得角从中国进口额	3136	2435	2270	2256	3141	3364
佛得角对中国出口额	185	15	24	817	252	202
中佛贸易额	3321	2450	2294	3073	3393	3566

资料来源：联合国商品贸易统计数据库（COMTRADE），https：//comtrade.
un. org/data/。

不过，从图 7 - 1 中可以发现，1997 ~ 2015 年佛得角与中国的
贸易总体上呈上升趋势。

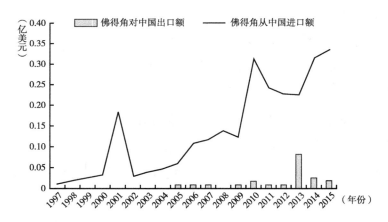

图 7 - 1　1997 ~ 2015 年佛得角与中国贸易变化趋势

资料来源：联合国商品贸易统计数据库（COMTRADE），https：//comtrade. un. org/
data/。

2000～2011 年，中国为佛得角发展项目注入 3.08 亿美元。其中，1.162 亿美元用于旅游业，0.611 亿美元用于应对紧急情况，0.227 亿美元用于公共设施和社会服务，590 万美元用于农业，490 万美元用于卫生事业。①

中国向佛得角提供了一批经济技术援助，援建了人民议会堂、政府办公楼、帕尔马雷诺住宅、国家图书馆、国父纪念碑、国家礼堂、泡衣崂水坝、阿戈什蒂纽·内图（Agostinho Neto）中央医院的儿科部、社会安居房、总统官邸以及国家体育场等项目。中国对佛得角的援助经历了从"输血"到"造血"的过程，中国援助的项目对佛得角的发展具有重大意义。以泡衣崂水坝为列，曾任佛得角总理的内韦斯说："泡衣崂水坝是佛得角历史上第一座具有规模的水坝，是一个伟大的工程，它的建成让佛得角人民实现了 50 多年来的梦想。"② 而由中国援建的国家体育场可容纳 1.5 万人，占地 10 万平方米，对佛得角乃至整个非洲体育事业的发展都具有重要的意义。

在佛得角开展业务的主要中资企业有辽宁国际经济技术合作集团有限责任公司、华山国际工程公司、辽宁远洋渔业股份有限公司、济南四建（集团）有限责任公司、华为技术有限公司等。③

（三）文化、科技、教育与军事等方面的交往与合作

佛得角政府和文化主管部门对同中国进行文化交流持积极态

---

① 《佛得角国家概况》，中华人民共和国外交部网站，http：//www.fmprc.gov.cn/mfa_chn/gjhdq_603914/gj_603916/fz_605026/1206_605318/。

② 《佛得角热烈庆祝中国援建的泡衣崂水坝落成》，2006 年 7 月 5 日，新华网，http：//news.xinhuanet.com/newscenter/2006－07/05/content_4795968.htm。

③ 《对外投资国别产业指引（2011 版）》，http：//www.mofcom.gov.cn/article/ae/ai/201109/20110907731370.html。

度，两国签有文化合作协定。两国文化代表团多次互访。2008 年和 2010 年，佛得角国宝级音乐家"赤脚歌后"艾芙拉两度来华演出。2013 年 2 月，第一届"中国文化周"在佛得角首都普拉亚商业中心举行，活动内容包括春节联欢晚会、中佛双边关系研讨会、中国图片展览、免费播放《卧虎藏龙》等中国影片、狂欢节华服巡游、品尝中华美食、体育比赛、商品展销等。2013 年 5 月，上海市文化代表团访问佛得角；6 月，成都民族歌舞剧院艺术团赴佛得角演出。

中国自 1996 年开始接收佛得角奖学金留学生。近年来，中国每年向佛得角提供一定数量的奖学金名额。2015 年和 2016 年分别有 39 位和 27 位佛得角学子获得中国政府奖学金。2014 年 12 月，佛得角外长若热·托伦蒂诺（Jorge Tolentino）访华时称，中国孔子学院代表团将造访佛得角大学。一年后，佛得角首座孔子学院在佛得角大学成立。

根据两国政府间协议，自 1984 年起，中国以援助性质派遣医疗队在佛得角首都普拉亚中心医院工作。2012 年 8 月，中国向佛得角阿戈什蒂纽·内图医院捐赠了价值 150 万美元的深切治疗室和设备，这是佛得角首个深切治疗室。1984～2016 年，中国共向佛得角派遣 16 批医疗队、93 名医生。以普拉亚中心医院为平台，以中国援佛医疗队为纽带，中佛两国在医疗卫生领域的合作正在不断深化。①

---

① 《中国将向佛得角派遣第 15 批医疗队》，2012 年 3 月 28 日，中华人民共和国商务部网站，http：//www. mofcom. gov. cn/article/zxhz/201203/20120308039830. shtml；《中国白衣天使"佛"国行医记》，中华人民共和国国务院新闻办公室网站，http：//www. scio. gov. cn/32621//32629/32754/Document/1478632/1478632. htm。

2015 年 7 月 11 日，《中华人民共和国政府和佛得角共和国政府关于互免持外交、公务护照人员签证的协定》生效。协定规定，双方持有效的外交、公务护照的公民在对方国家入境、出境或过境不超过 30 日免办签证，超过 30 日则需要申请签证。这有利于进一步推动双方的人文交流。

中国的三亚市、深圳市、济南市分别与佛得角的萨尔市、明德卢市、普拉亚市缔结为友好城市。2007 年 10 月，中国与佛得角签署协议，将佛得角列为中国公民出境旅游目的地。

（四）重要双边协议及文件①

1976 年 4 月 15 日，中佛两国签署建交公报，宣布两国自 1976 年 4 月 25 日起正式建交。

1982 年 5 月 15 日，中佛两国签署了《中华人民共和国政府和佛得角共和国政府文化合作协定》。

1998 年 4 月 21 日，中佛两国签署了《中华人民共和国政府和佛得角共和国政府关于鼓励和相互保护投资协定》。

2007 年 10 月 19 日，中佛两国签署了《关于中国旅游团队赴佛得角旅游实施方案的谅解备忘录》。

2014 年 12 月 2 日，中佛两国签署了《中华人民共和国政府和佛得角共和国政府关于互免持外交、公务护照人员签证的协定》。

2015 年 12 月 23 日，中佛两国外交部签署了《中华人民共和国外交部和佛得角共和国外交部关于建立磋商机制的协议》。

---

① 《中国同佛得角的关系》，2016 年 1 月，中华人民共和国外交部网站，http：//wcm. fmprc. gov. cn/pub/chn/gxh/cgb/zcgmzysx/fz/1206_ 11/1206x1/t6523. htm。

（五） 佛得角的华人移民社区①

中国移民自1987年开始进入佛得角，并奠定了其在佛得角经商的基础。20世纪90年代末，中国移民大幅度增长，大多数移民来自中国沿海城市——浙江温州和上海，由早期的几人发展到数千人。截至2012年，在佛得角定居的中国人大约有3000人。

佛得角的华人社区分布在各个岛屿，但圣地亚哥岛是华人聚居的地方，作为首都所在地和最大的人口聚集地，这里的生活条件略好于其他华人社区，约89%的华人居住于此。其次是圣维森特岛，在该地生活的华人约占9.7%。其余的华人居住在其他岛屿。

中国移民中大约有一半是在佛得角经营生意的，从事的行业众多，有建筑业、酒店业、餐饮业、商业、车辆销售业，还有经营有线电视的。佛得角商店里廉价的中国产品越来越多，尤其是在圣地亚哥岛和圣维森特岛。

---

① 参见福特《佛得角中国移民的生存状况研究：以普亚拉市的中国移民为例》，硕士学位论文，东北师范大学，2011年5月。

大事纪年

1456 年	威尼斯船长发现并命名了佛得角群岛。
1460 年	葡萄牙探险家迪奥戈·戈麦斯和安东尼奥·达·诺拉发现并命名马尤岛与圣地亚哥岛。
1462 年	迪奥戈·阿方索发现并命名了其他岛屿。
1495 年	佛得角沦为葡萄牙的殖民地。
1587 年	佛得角群岛由葡萄牙政府管辖，设总督进行统治。
1836 年	葡萄牙在佛得角建立殖民政府，几内亚比绍成为其所属的一个县。
1879 年	莆萄牙制定的《殖民法》规定葡萄牙当局把几内亚比绍从佛得角划出，建立殖民政府，单独设置殖民地。
1951	佛得角群岛单独组成葡萄牙的"海外省"。
1936 年	明德卢出现了第一份反殖民统治的报纸《光明》。
1948 年	佛得角人民不堪忍受葡萄牙的剥削，发生了甘蔗种植园工人大罢工。
1956 年 9 月 19 日	以阿米卡尔·卡布拉尔和阿里斯蒂德·佩雷拉等人为首的民族主义者在几内亚比绍建立

了几内亚比绍和佛得角非洲独立党。在几内亚和佛得角非洲独立党领导下，佛得角人民与几内亚比绍人民并肩开展争取民族独立的运动。

1973 年 1 月 20 日	在几内亚共和国首都科纳克里的寓所里，卡布拉尔被害，阿里斯蒂德·佩雷拉接替他担任党的总书记。
1974 年 12 月 19 日	葡萄牙政府被迫同几佛独立党签订佛得角独立协议，并组成由双方代表参加的过渡政府。
1975 年 6 月 30 日	佛得角举行全国大选。
1975 年 7 月 5 日	佛得角宣布独立，成立佛得角共和国，几佛独立党总书记阿里斯蒂德·佩雷拉任首任总统。佛得角与几内亚比绍虽处在一党领导之下，但有各自的议会和政府。
1976 年 4 月 25 日	佛得角同中国建交。
1977 年	佛得角加入西非国家经济共同体。
1977 年 11 月 14 日	几内亚比绍总理维埃拉借口经济管理不善和人权灾难发动军事政变，推翻了总统路易斯·卡布拉尔。
1981 年 1 月 19 日	几内亚比绍和佛得角非洲独立党的佛得角分部召开特别会议，改名为佛得角非洲独立党，结束了佛得角同几内亚比绍两国一党的局面。
1981 年	佛得角政府颁布了《土地法草案》。
1981 年	佛得角制订了第一个国家发展计划（1982 ~ 1985 年）。

1982 年 6 月 18 日	两国总统在马普托（Maputo）举行会晤，佛得角和几内亚比绍恢复了外交关系。
1983 年	佛得角政府启动土地改革。
1986 年 12 月	佛得角总统向国民议会提交了第二个国家发展计划，强调加强管理、改进教育和进行土地改革。
1990 年 2 月	"争取民主运动"成立。
1990 年 7 月	佛得角非洲独立党召开第四次特别代表大会，通过了关于实行多党制的政治体制改革的报告和关于部分修宪的基本政治方针等文件，决定修改宪法，取消一党制，宣布实行多党制。
1990 年 9 月	佛得角国家议会修改宪法，结束了佛得角非洲独立党一党独大的地位，多党制取代一党制。
20 世纪 90 年代	佛得角开始进行经济体制改革，调整经济结构，由计划经济向自由化市场经济转变。
1991 年 1 月	佛得角举行多党议会选举，民运党获胜，击败独立后即执政的独立党，成立佛得角第二共和国。
1991 年 2 月	佛得角举行总统选举，民运党支持的安东尼奥·蒙特罗当选。
1992 年 9 月	佛得角通过第二部宪法，为佛得角第二共和国奠定了法律基础。
1992 年 8 月	佛得角国家议会通过了第三个国家发展计划（1992～1995 年），重点发展运输、通信、旅

游、渔业基础设施，改革经济体制，调整经济结构。

1993 年	通过了《国有企业私有化法》，启动国有企业私有化进程。
1994 年 2 月	执政党民运党分裂，15 名党内高层人士在尤瑞科·蒙特罗博士的领导下离开民运党，组成了一个新的反对党民主集中党。
1995 年 12 月和 2 月	民运党和蒙特罗两次赢得立法选举和 1996 年总统选举的胜利。
1996 年 7 月 17 日	佛得角加入葡语国家共同体，成为创始国之一。
1997 年	佛得角开始实施第四个国家发展计划（1997～2000 年），主要的目标是减轻贫困。
1999 年 3 月	佛得角首家证券交易所成立。
2001 年 1 月	佛得角举行议会选举，独立党赢得议会 72 席中的 40 席，民运党获得 30 席，独立党重获执政地位。1 月 30 日，独立党组成以若泽·马里亚·佩雷拉·内韦斯为总理的政府；同年 2 月，独立党候选人佩雷斯在第二轮投票中以微弱优势战胜民运党候选人卡洛斯·韦加当选总统，并于 3 月 22 日宣誓就职。
2002 年 9 月	美国政府批准佛得角为《非洲增长与机遇法案》受惠国。
2004 年 5 月	佛得角成为第一批接受美国"千年挑战账户"援助的国家之一。
2006 年 1 月和 2 月	独立党和佩雷斯在议会和总统选举中再次获胜。

2006 年 11 月	佛得角第一所公立大学佛得角大学成立，这是非洲最好的大学之一，在 100 多所非洲大学中位列第 79。
2007 年 10 月	佛得角与欧盟宣布建立特殊伙伴关系。
2007 年 12 月	佛得角脱离最不发达国家行列。
2008 年 1 月	佛得角正式进入中等发达国家行列。
2008 年 7 月 23 日	佛得角成为 WTO 第 153 个成员。
2009 年 9 月	佛得角群岛暴发登革热，面临历史上最严重的登革热疫情的考验。
2011 年 2 月	佛得角顺利举行立法选举，独立党获胜。3 月 21 日，新政府成立，内韦斯第三次任总理。
2011 年 8 月	佛得角先后举行两轮总统选举，民运党候选人丰塞卡当选新一届总统，于 9 月 9 日宣誓就职。佛得角历史上首次出现独立党政府和民运党总统"共治"的局面。
2011 年 10 月 10 日	佛得角前总统佩德罗·皮雷斯被授予"非洲领袖成就奖"，以表彰其卓越的政绩和良好的民主信誉。
2012 年 7 月 1 日	佛得角举行地方选举，民运党在全国 22 个县中的 13 个县获胜。
2014 年 10 月	佛得角政府计划合并国家渔业发展研究所、气象研究所和地球物理研究所等，创建海洋和气象研究所。
2014 年 11 月 23 日	佛得角福古火山再次喷发，大量房屋被毁，当地通信与供电中断，1300 多名灾民流离失所。

2014 年 11 月	佛得角发行新纸币，以纪念对世界文化和政治产生影响的佛得角人物，包括已故女歌手西莎莉亚·艾芙拉和佛得角第一任总统阿里斯蒂德·马里奥·佩雷拉。
2015 年 5 月	佛得角和欧盟把 2007 年启动的特殊合作伙伴关系扩大到新的领域（如可再生能源），并加强私营部门的合作。
2015 年 9 月	佛得角政府将投资局和旅游局合并，创建佛得角旅游和投资局，以降低机构的运营成本。
2015 年 12 月 18 日	佛得角首座孔子学院落户于佛得角大学。
2016 年 3 月 20 日	佛得角举行第五次议会选举，民运党获胜，赢得 38 席，党主席席尔瓦出任总理，这是民运党时隔 15 年后再次成为议会第一大党。
2016 年 4 月 25 日	中佛建交 40 周年。
2016 年 9 月	佛得角举行市政选举，民运党获胜。
2016 年 10 月 2 日	佛得角进行总统选举，丰塞卡再次当选。

参考文献

一　中文文献

Bruno Barbier、赵德明、富察青云：《佛得角：那种只属于恶魔的美》，《商务旅行》2009 年第 2 期。

福特：《佛得角中国移民的生存状况研究：以普拉亚市的中国移民为例》，硕士学位论文，东北师范大学，2011。

《对外投资合作国别（地区）指南·佛得角》（2012 年版），http：//fec. mofcom. gov. cn/article/gbdqzn/。

黄泽全：《佛得角人的婚礼》，《中外文化交流》1993 年第 1 期。

胡在钧：《佛得角群岛——海上仙山》，《航海》1980 年第 2 期。

邝艳湘：《国小志大——浅析佛得角共和国经济长足发展的原因》，李保平、陆庭恩、王成安主编《亚非葡语国家发展研究》，世界知识出版社，2006。

李广一主编《赤道几内亚·几内亚比绍·圣多美和普林西比·佛得角》，社会科学文献出版社，2007。

刘锡胤、刘明玉、耿新康、潘志刚：《佛得角海洋渔业发展概况》，《中国渔业经济》2002 年第 2 期。

林修坡：《阿米卡尔·卡布拉尔的政治思想初探》，《国际政治

研究》1989 年第 2 期。

林修坡:《试析阿米卡尔·卡布拉尔的政治思想》,《西亚非洲》1989 年第 3 期。

〔美〕迈森黑尔德:《阿米卡尔·卡布拉尔的阶级自杀理论与革命社会主义》,李国海译,《现代外国哲学社会科学文摘》1994 年第 5 期。

宓世衡:《佛得角的社会经济发展特征》,李保平、陆庭恩、王成安主编《亚非葡语国家发展研究》,世界知识出版社,2006。

欧玉成:《大西洋岛国廉洁的奥秘》,《决策与信息》2000 年第 5 期。

孙跃楣:《大西洋上的明珠——佛得角群岛掠影》,《西亚非洲》1984 年第 4 期。

夏连军、陆建学:《佛得角共和国的渔业》,《中国水产》2010 年第 2 期。

夏连军、李励年、陆建学:《世界第三大海龟繁殖地——佛得角》,《现代渔业信息》2010 年第 1 期。

于向阳、徐红霞、王淼:《佛得角农业投资机遇与潜力研究》,《南方农业》2010 年第 6 期。

于向阳、徐红霞、王淼:《对佛得角渔业现状的调查研究》,《农业技术与装备》2010 年第 22 期。

赵永和、嵇静珍:《地处要冲的岛国——佛得角》,《世界知识》1982 年第 9 期。

二 英文文献

African Development Bank, African Development Fund, "Cape Verde: A Success Story," http://www.afdb.org/en/news-and-events/multimedia/video/cape-verde-a-success-story-429/.

African Development Bank, "Cabo Verde Country Strategy Paper 2014 – 2018," http: //www. afdb. org/en/consultations/closed-consultations/cape-verde-country-strategy-paper-2014 – 2018/.

Catia Batista, Aitor Lacuesta, Pedro C. Vicente, "Testing the 'Brain Gain' Hypothesis: Micro Evidence from Cape Verde," *Journal of Development Economics* 1 (2012).

Cecilia M. Briceño-Garmendia and Daniel Alberto Benitez, "Cape Verde's Infrastructure: A Continental Perspective," *World Bank Policy Research Working Paper*, No. 5687, June 1, 2011.

Claire Sandys-Winsch, P. J. C. Harris, "'Green' Development on the Cape Verde Islands," *Environmental Conservation* 3 (1994).

Colm Foy, *Cape Verde: Politics, Economics, and Society* (Pinter Publishers, 1988).

Derek Pardue, *Cape Verde, Let's Go: Creole Rappers and Citizenship in Portugal* (University of Illinois Press, 2015).

Dieter Nohlen, Michael Krennerich and Bernhard Thibant, eds. , *Elections in Africa: A Data Handbook* (Oxford University Press, 1999).

João Paulo Madeira, "Cape Verde: Dimensions in Nation-Building," *Humania del Sur*, Año 11, No. 20, 2016.

Jørgen Carling, Lisa Åkesson, "Mobility at the Heart of a Nation: Patterns and Meanings of Cape Verdean Migration," *International Migration* 3 (2009).

Márcia Rego, *The Dialogic Nation of Cape Verde : Slavery,*

Language, *and Ideology*（Lexington Books，2015）.

Patrick Imam，"Introducing the Euro as Legal Tender-Benefits and Costs of Eurorization for Cape Verde," *IMF Working Paper*，July 2009.

Richard A. Lobban，*Cape Verde*：*Crioulo Colony to Independent Nation*（The Westview Press，1995）.

Richard A. Lobban，Paul Khalil Saucier，*Historical Dictionary of the Republic of Cape Verde*（The Scarecrow Press，2007）.

United Nations，"Cape Verde：An Emerging Nation," http：// www. portaldoconhecimento. gov. cv/bitstream/10961/251/1/One%20UN% 20in%20Cape%20Verde. pdf.

UNCTAD，"Who is Benefiting from Trade Liberalization in Cape Verde? A Gender Perspective," http：//unctad. org/en/pages/PublicationWebflyer. aspx? publicationid＝202.

三 主要网站

http：//www. fmprc. gov. cn/mfa_chn/gjhdq_603914/gj_603916/ fz_605026/1206_605318/.

世界银行数据库，http：//data. worldbank. org. cn/。

http：//www. macauhub. com. mo/cn/.

http：//www. europaworld. com.

http：//www. eiu. com.

中华人民共和国驻佛得角共和国大使馆网站，http：//cv. china-embassy. org/chn/。

中华人民共和国驻佛得角共和国大使馆经济商务参赞处网站，

http：//cv. mofcom. gov. cn/。

佛得角共和国政府网站，http：//www. governo. cv/。

http：//www. capeverde. com/.

http：//www. tradingeconomics. com/cape-verde/indicators.

非洲发展银行网站，http：//www. afdb. org/en/。

联合国贸易和发展会议网站，http：//unctadstat. unctad. org。

国际货币基金组织网站，http：//data. imf. org。

联合国商品贸易统计数据库，https：//comtrade. un. org/data/。

索 引

新版《列国志》总书目

越南

非洲

阿尔及利亚
埃及
埃塞俄比亚
安哥拉
贝宁
博茨瓦纳
布基纳法索
布隆迪
赤道几内亚
多哥
厄立特里亚
佛得角
冈比亚
刚果共和国
刚果民主共和国
吉布提
几内亚
几内亚比绍
加纳
加蓬
津巴布韦
喀麦隆
科摩罗
科特迪瓦
肯尼亚
莱索托
利比里亚
利比亚
卢旺达

马达加斯加
马拉维
马里
毛里求斯
毛里塔尼亚
摩洛哥
莫桑比克
纳米比亚
南非
南苏丹
尼日尔
尼日利亚
塞拉利昂
塞内加尔
塞舌尔
圣多美和普林西比
斯威士兰
苏丹
索马里
坦桑尼亚
突尼斯
乌干达
西撒哈拉
赞比亚
乍得
中非

欧洲

阿尔巴尼亚
爱尔兰
爱沙尼亚
安道尔

奥地利

白俄罗斯

保加利亚

比利时

冰岛

波黑

波兰

丹麦

德国

俄罗斯

法国

梵蒂冈

芬兰

荷兰

黑山

捷克

克罗地亚

拉脱维亚

立陶宛

列支敦士登

卢森堡

罗马尼亚

马耳他

马其顿

摩尔多瓦

摩纳哥

挪威

葡萄牙

瑞典

瑞士

塞尔维亚

圣马力诺

斯洛伐克

斯洛文尼亚

乌克兰

西班牙

希腊

匈牙利

意大利

英国

美洲

阿根廷

安提瓜和巴布达

巴巴多斯

巴哈马

巴拉圭

巴拿马

巴西

玻利维亚

伯利兹

多米尼加

多米尼克

厄瓜多尔

哥伦比亚

哥斯达黎加

格林纳达

古巴

圭亚那

海地

洪都拉斯

加拿大

美国

秘鲁

墨西哥

尼加拉瓜

萨尔瓦多

圣基茨和尼维斯

圣卢西亚

圣文森特和格林纳丁斯

苏里南

特立尼达和多巴哥

危地马拉

委内瑞拉

乌拉圭

牙买加

智利

大洋洲

澳大利亚

巴布亚新几内亚

斐济

基里巴斯

库克群岛

马绍尔群岛

密克罗尼西亚

瑙鲁

纽埃

帕劳

萨摩亚

所罗门群岛

汤加

图瓦卢

瓦努阿图

新西兰

图书在版编目（CIP）数据

佛得角 / 邝艳湘，李广一编著. －－北京：社会科
学文献出版社，2018.1（2020.4 重印）
（列国志：新版）
ISBN 978 - 7 - 5201 - 0371 - 8

Ⅰ.①佛… Ⅱ.①邝… ②李… Ⅲ.①佛得角－概况
Ⅳ.①K945.3

中国版本图书馆 CIP 数据核字（2017）第 031793 号

· 列国志（新版）·

佛得角（Cape Verde）

编　　著 / 邝艳湘　李广一

出 版 人 / 谢寿光
项目统筹 / 高明秀
责任编辑 / 王晓卿　肖世伟

出　　版 / 社会科学文献出版社·当代世界出版分社（010）59367004
　　　　　　地址：北京市北三环中路甲29号院华龙大厦　邮编：100029
　　　　　　网址：www.ssap.com.cn
发　　行 / 市场营销中心（010）59367081　59367083
印　　装 / 北京盛通印刷股份有限公司

规　　格 / 开　本：787mm × 1092mm　1/16
　　　　　　印　张：15.75　插　页：0.75　字　数：181 千字
版　　次 / 2018 年 1 月第 1 版　2020 年 4 月第 2 次印刷
书　　号 / ISBN 978 - 7 - 5201 - 0371 - 8
定　　价 / 69.00 元

本书如有印装质量问题，请与读者服务中心（010 - 59367028）联系